Ulrike Bäuerlein / Gisela Hürrich

Lesen und Schreiben lernen mit der Anlauttabelle

Ein Praxisbericht

Mit Kopiervorlagen

Auer Verlag GmbH

Gedruckt auf umweltbewusst gefertigtem, chlorfrei gebleichtem
und alterungsbeständigem Papier.

1. Auflage. 2003
Nach der Neuregelung der deutschen Rechtschreibung
© by Auer Verlag GmbH, Donauwörth
Alle Rechte vorbehalten
Satz: Fotosatz H. Buck, Kumhausen
Druck und Bindung: Ludwig Auer GmbH, Donauwörth
ISBN 3-403-03700-2

Inhalt

Vorwort

Im Mai 1999 erfuhren wir, dass wir beide im kommenden Schuljahr eine 1. Klasse unterrichten sollten. Unsere Unzufriedenheit mit den herkömmlichen Methoden des Erstunterrichts bewegte uns dazu, nach Alternativen zu suchen.

Wir entdeckten das Buch „Erfahrungen in der Schreib- und Lesewerkstatt Klasse 1" von U. Hecker, V. Meyer und B. Butzke. Darin wird eine freiere, den Kindern angepasste Methode des Lesens und Schreibens dargestellt. (Das Buch ist zwar momentan vergriffen, jedoch bietet der Verlag an der Ruhr es im Internet als kostenlosen Download an.) Wir entschlossen uns, einige Bausteine davon zu übernehmen und diese durch eigene Ideen zu ergänzen. Das Konzept sollte prozessorientiert sein, um es jeweils auf die individuellen Lernbedürfnisse der Kinder abstimmen zu können. Wir wählten dazu eine etwas unterschiedliche Herangehensweise, weshalb wir im Praxisteil dieses Buches einzeln auf unsere beiden Klassen eingehen werden. Auch wenn es sich dabei nicht um Parallelklassen einer Schule handelte, haben wir intensiv zusammengearbeitet und unsere jeweiligen Erfahrungen ausgetauscht. Aufgrund unserer positiven Erfahrungen möchten wir allen unseren KollegInnen Mut machen, diese neue Form des Lesen- und Schreibenlernens auszuprobieren.

Die Autorinnen

Gisela Hürrich   Ulrike Bäuerlein

Praxisbericht

1. Aller Anfang ist schwer! Der erste Elternabend

Die Klasse von Ulrike Bäuerlein wird im Folgenden als Klasse 1A bezeichnet, die Klasse von Gisela Hürrich als 1B.

Klasse 1A

Voller Begeisterung und motiviert durch die Ideen des Literaturstudiums lud ich die Eltern im Juli zu einem ersten Elternabend ein. Ich hatte mir überlegt, dass ihnen das Prinzip des Lernens mit der Anlauttabelle am besten durch Eigentätigkeit erfahrbar würde. Daher erstellte ich eine Anlauttabelle mit Fantasiezeichen („Indianersprache") und legte sie ihnen vor.

Abb. 1: Fantasiezeichentabelle

Die Eltern hatten die Aufgabe, ihren Vornamen mit diesen Fantasiezeichen zu schreiben. Ich hoffte, dass meine Begeisterung für diese Lese- und Schreiblernmethode auch auf die Eltern übergehen würde. Doch diese waren voller Skepsis und forderten einen herkömmlichen Erstunterricht für ihre Kinder. Ich bat sie, mir und der neuen Methode eine Chance zu geben und las ihnen Erfahrungsberichte aus anderen Bundesländern vor. Schließlich einigten wir uns auf einen Kompromiss: Ich sollte die Chance haben, bis zu den Herbstferien im November die Kinder mit dieser Methode zu unterrichten. Bedingung war allerdings, dass ich parallel dazu ein Arbeitsheft, welches zur an der Schule eingeführten Fibel passt, mit den Kindern bearbeiten würde, um bei Bedarf ein Umsteigen nach sechs Wochen auf die herkömmliche Methode zu erleichtern. Jedoch hoffte ich, die Eltern durch die Arbeit mit den Kindern überzeugen zu können.

Klasse 1B

Nachdem mir meine Kollegin von ihren Erfahrungen beim Elternabend erzählt hatte, wurde mir bewusst, dass es sicher auch für mich nicht einfach werden würde, die Eltern von der neuen Methode zu überzeugen. Jedoch ließ ich mich nicht davon entmutigen, sondern nutzte die Zeit bis zu meinem ersten Elternabend für erweiterte Literaturstudien, um mein bisheriges Wissen zu vertiefen. So stieß ich u.a. auf den Brief „Fela mus Mann machn düfn" von R. Urbanek (s. S. 7).

Damit hatte ich einen guten Einstieg für meinen Elternabend gefunden. Am 1. Schultag im September waren alle Eltern im Klassenzimmer versammelt und ich war gespannt, wie sie auf meine Ausführungen reagieren würden. Nachdem ich ihnen Auszüge aus dem Brief vorgelesen hatte, die ich durch Beispiele zum Laufenlernen, Fahrradfahren usw. ergänzte, war bei den Eltern das Verständnis dafür geweckt, dass jedes Kind verschiedene Stufen durchlaufen muss, bis es etwas richtig beherrscht. Nun konnte ich auf das entdeckende Lernen und den Umgang mit einer Lauttabelle eingehen. Ich stellte den Eltern die von mir ausgewählte Anlauttabelle des Auer Verlags (⊃ KV 1) vor, besprach mit ihnen die einzelnen Bilder und Laute und erklärte, wie man ein Wort in eine Lautkette zerlegt. Um den Eltern einsichtig zu machen, in welcher Situation sich ihre Kinder am Anfang des Lernprozesses befinden, verteilte ich wie meine Kollegin eine Lauttabelle mit Fantasiezeichen – ich nannte sie Zaubertabelle. Die Eltern bekamen den Auftrag, das Wort „Schultüte" und ihre Namen zu schreiben. Dabei stellten sie fest, wie schwierig das ist; auch konnte das geschriebene Wort nicht so einfach gelesen werden, weil den Eltern die Zeichen unbekannt waren.

Nun erläuterte ich ihnen, dass es den Kindern ähnlich geht und es sich dabei um einen normalen Vorgang handelt.

Denn das Wichtigste an der neuen Methode ist, dass sich die Kinder am Anfang intensiv mit Sprache auseinander setzen, weil das die Voraussetzung für das

Fela mus Mann machn düfn

Liebe Eltern,

ich möchte mich beim Lesen- und Schreibenlernen Ihrer Kinder so geschickt verhalten, wie Sie dies getan haben, als Ihr Kind sprechen lernte. Schon wenn das Einjährige sein erstes „baba" stammelte, bemerkten Sie als Vater oder Mutter begeistert: „Es hat Papa gesagt!" Und wenn das Eineinhalbjährige „auto put" sagt, bemühen wir Erwachsenen uns, dies zu verstehen und reparieren das Spielzeugauto sogar. Auch wenn das Dreijährige dann sagt: „Ich bin nach draußen gegeht." (An dieser ‚Falschbildung' zeigt sich, dass das Kind die Perfektbildung im Deutschen erfasst hat, sie allerdings auf ein ungeeignetes Objekt – starkes Verb – anwendet) wird man vielleicht sagen: „Ja, du bist nach draußen gegangen", meistens sogar aber auf diese behutsame Form der Korrektur verzichten und darauf vertrauen, dass das Kind durch immer wieder neues Ausprobieren und durch Hören des richtigen Sprachgebrauchs diesen schon lernen wird.

Diese ungeheuere Fehlertoleranz, dieses freudige Entdecken und Bestätigen des bereits Gelernten führt dazu, dass das Kind, wenn es dann zu uns in die Schule kommt, eine Sprache mit hunderten von intuitiv aufgenommenen grammatischen Regeln und tausenden von Unregelmäßigkeiten erworben hat, also eine Leistung vollbracht hat, der gegenüber des Erlernen unserer Rechtschreibung eigentlich lächerlich einfach sein müsste.

Keiner von Ihnen käme auf die Idee, zu seinem Kind zu sagen: „Also pass mal auf, die ersten sechs Jahre deines Lebens sprichst du mir nur Sätze nach, die ich dir vorsage, sonst machst du ja nur lauter Fehler, und wenn du dann sprechen kannst, darfst du auch eigene Sätze sagen."

So aber würde ich mich verhalten, wenn ich nicht zuließe, dass Ihre Kinder möglichst früh schon versuchen dürfen, kleine Geschichten aufzuschreiben. Sie schreiben dabei natürlich die meisten Wörter nicht so wie wir Erwachsenen, sondern zunächst so, wie sie sie hören. Ich gebe ihnen dann Tipps, wie man die Wörter richtig schreibt, und so bildet sich bei den Kindern allmählich ein Verständnis für die Rechtschreibregelungen aus.

Dieser Brief ist mit geringen Änderungen entnommen aus: R. Urbanek: Fela mus Mann machn düfn, Schulverwaltung NRW, H.5/1992, S. 126-128.

Lesen- und Rechtschreiblernen darstellt. Die Laut-Buchstabenzuordnung muss den Kindern zunächst bewusst gemacht werden (phonologische Bewusstheit). Durch das eigenständige Verschriften mit Hilfe der Anlauttabelle bringen die Kinder die Lautfolge mit den Schriftzeichen in Beziehung.

Der Umgang mit der Lauttabelle ermöglicht es jedem Kind, in seinem eigenen Tempo zu arbeiten, ebenso wie jedes auf seine Weise das Sprechen gelernt hat. Den Eltern wurde nun einsichtig, dass ihre Kinder erst das Schreiben und dann das Lesen lernen, wofür die Lauttabelle das unentbehrlichste Werkzeug darstellt. Zudem würden die Kinder die an der Schule eingeführte Fibel erhalten, erklärte ich den Eltern, diese sei aber als zusätzliches Lesebuch – am Anfang Vorlesebuch – zu betrachten, außerdem würde ich auf vorgedruckte Arbeitshefte ganz verzichten. Nun gab ich den Eltern noch einige Hinweise, wie wir in der Schule vorgehen würden und wie sie zu Hause unsere Arbeit unterstützen könnten.

Auch bei mir gab es während des Elternabends einige Diskussionen und kritische Stimmen. Es gelang mir aber, die Eltern von der neuen Vorgehensweise so zu überzeugen, dass ich schon am zweiten Schultag damit beginnen konnte. Wir vereinbarten auch gleich einen Termin für Ende Oktober zu einem Erfahrungsaustausch.

2. Der erste Tag

2.1 Wer ist wer?

Am ersten Schultag hatten wir eine Schultüte mitgebracht, in der für jedes Kind ein Namenskärtchen enthalten war. Nach der gemeinsamen Begrüßung mit dem Lied „Herzlich willkommen in unserer Schule" von Detlev Jöcker stellten wir uns alle im Kreis zu dem Kennenlernspiel „Sag mir, wie heißt du" auf. Jedes Kind nannte seinen Namen und warf dann einem anderen Kind einen weichen Softball zu. Nachdem alle an der Reihe waren, öffneten wir gemeinsam die Schultüte und legten alle Namenskärtchen in den Kreis. Nun durfte sich nacheinander jedes Kind seinen Namen suchen und sollte dazu sagen, woran es diesen erkannt hat. So konnten wir gleich herausfinden, welches Kind schon mit Buchstaben vertraut war. Auch die zurückhaltendsten Kinder tauten am Ende auf. Als alle ihr Namenskärtchen hatten, setzten sie sich auf ihre Plätze und fingen an, kleine Verzierungen darauf zu malen. Anschließend sollten die Kinder die Buchstaben farbig nachfahren, die sie bereits kannten. Als Hausaufgabe bekamen sie auf, ihr Namenskärtchen fertig zu verzieren und ein Bild von einem Lieblingsgegenstand aus ihrer eigenen Schultüte zu malen.

2.2 Wir lernen unsere Namen kennen

Am nächsten Tag brachten alle ihr fertiges Namensschild wieder mit und wir setzten uns in den Erzählkreis. Wir hatten Karten mit je einem Groß- oder Kleinbuchstaben beschrieben und hielten jeweils eine davon hoch. Die Kinder überprüften dabei, ob dieser Buchstabe in ihrem Namen enthalten ist.

Wenn dies der Fall war, durfte das jeweilige Kind sein Namenskärtchen hochhalten. Wir benannten die Buchstaben und sprachen sie gemeinsam deutlich aus.

Anschließend stellten wir den Kindern Namensrätsel:
Ich kenne ein Kind, das hat einen Namen, der mit A beginnt.
Welches Kind ist das?

3. Welcher Buchstabe gehört zu welchem Laut?

Am zweiten Schultag brachten die Kinder ihr selbstgemaltes Bild von dem Lieblingsgegenstand aus der Schultüte mit. Jedes Kind durfte sein Bild vorstellen und dazu erzählen.

Abb. 2: Lieblingsgegenstand

Anschließend sprachen wir die Wörter gemeinsam aus und achteten besonders auf den Anfangslaut des jeweiligen Wortes. Wir hefteten den passenden Buchstaben an die Tafel und die Kinder klebten die entsprechenden Bilder dazu.

3.1 Einführung der Lauttabelle

Klasse 1B

Auf der Suche nach einer geeigneten Lauttabelle, entschieden wir uns bereits in den Sommerferien für die Anlauttabelle aus „Die Auer Fibel". Diese ist unserer Meinung nach klar strukturiert und gut zu handhaben. Alle Kopiervorlagen im Anhang beziehen sich darauf. Falls die Lauttabelle an Ihrer Schule nicht vorhanden sein sollte, können Sie sie als Klassensatz kopieren (⇨ **KV 1**).

Die Kinder können ihre Lauttabelle auch selbst gestalten, indem sie die Bilder ausmalen. Für eine längere Haltbarkeit sollte die gestaltete Tabelle laminiert werden.

Da wir für jedes Kind eine Tabelle zur Verfügung hatten, konnten wir bereits am dritten Schultag mit der Einführung beginnen. Nachdem jedes Kind seine Tabelle vor sich liegen hatte und eine vergrößerte an der Tafel hing, betrachteten wir zuerst gemeinsam die Bilder. Die Kinder beschrieben die Personen und Gegenstände, die sie auf der Lauttabelle sahen, zeigten sie an der Tafel und legten einen Muggelstein auf die entsprechende Stelle ihrer eigenen Tabelle. (Muggelsteine nennt man durchsichtige Glassteine, die in verschiedenen Farben im Bastelbedarf zu erhalten sind. Alternativ können auch Plättchen o. Ä. verwendet werden.) An dieser Stelle stellten wir den Kindern auch die Fibelbegleitfiguren vor: den Elefanten Ele, der für den Langvokal „E" steht, und den Löwen Leo der für den Laut „L" steht. (Beide können beim Auer Verlag auch als Handpuppen bestellt werden.)

Der nächste Schritt war die Zuordnung der Buchstaben. Wir suchten eindeutige Laut-/Buchstabenzuordnungen heraus und sprachen die Wörter gemeinsam aus. Die Kinder nannten die Laute, die sie am Anfang der Wörter hörten. Dann nannten wir die passenden Buchstaben dazu.

Natürlich kam auch die Frage, warum bei jedem Bild zwei Buchstaben stehen. Einige Kinder wussten das schon und konnten ihren Mitschülern erklären, dass es immer einen „großen und kleinen Buchstabenbruder" zu jedem Bild gibt und am Anfang eines Wortes immer der große Buchstabe steht.

Die Kinder fragten danach, weshalb bei manchen Buchstaben (Vokale) immer zwei Bilder sind. Auch darauf gingen wir gleich ein, sprachen die Wörter deutlich aus und stellten gemeinsam fest, dass derselbe Laut einmal kurz und einmal lang klingt. Einigen Kindern fiel hier zudem auf, dass für manche Laute mehrere Buchstaben stehen (Sch, Ei, Au).

Durch das genaue Sprechen und Hören der den Anlautbildern entsprechenden Wörter wurde diese sprachliche Besonderheit den Kindern deutlich. Anschließend nahmen wir wieder Bezug auf die Namen der Kinder. Jedes Kind sollte den Buchstaben suchen, mit dem sein Name beginnt und das passende Bild dazu nennen, z. B.: „Ich heiße Patrick. Mein Name beginnt mit P wie Papagei."

Zum Abschluss wagten wir uns an das Schreiben eines gemeinsamen Wortes heran. Wir wählten das Wort „Tüte". Zunächst sprachen wir das Wort langsam und gedehnt, damit das „T" am Anfang deutlich zu hören war. Die Kinder suchten das Bild, das mit „T" beginnt, danach das Bild, welches mit „Ü" beginnt usw. Schließlich stand das ganze Wort an der Tafel. Nun schrieben es die Kinder auf ein Blatt und malten eine Tüte dazu. Als Hausaufgabe bekamen sie auf, ein eigenes Wort mit Hilfe der Lauttabelle zu schreiben.

Klasse 1A

Die Kinder waren schon ganz gespannt auf die Lauttabelle, von der ich ihnen erzählt hatte. Ich legte eine Folie davon auf, bei der ich bis auf die erste Reihe alles abgedeckt hatte. Die Kinder beschrieben, was sie sahen und nannten die Anfangsbuchstaben der Dinge und Personen, die zu sehen waren. Anschließend deckte ich die weiteren Buchstaben auf. Buchstabenverbindungen ließ ich noch unberücksichtigt. Auch auf der Lauttabelle der Kinder hatte ich diese vorerst noch mit Tesakrepp abgeklebt.

Nun verteilte ich die Lauttabelle und jeweils einen Muggelstein an die Kinder und stellte ihnen Rätsel: *Ich suche den Namen eines Tieres, das isst gerne Käse.*

Die Kinder durften den Muggelstein auf das entsprechende Bild legen. Zur Kontrolle diente ein Muggelstein auf der Folie.

Als Hausaufgabe sollten die Kinder ihr Lieblingsbild aus der Lauttabelle mit dem dazugehörigen Buchstaben groß auf ein Zeichenblatt malen.

3.2 Übungen mit der Lauttabelle

Vom dritten Schultag an führten wir täglich Übungen mit der Lauttabelle durch. Diese dienten dazu, dass sich die Kinder zunehmend sicherer auf der Lauttabelle orientieren konnten. Hilfreich für die Kinder ist es, die Lauttabelle Reihe für Reihe mit dem Finger immer auf die gleiche Weise zu durchsuchen.

Für den Anfang finden wir es sinnvoll, dieses Suchschema auf der Folie zu begleiten.

Beispiele:

• *Lege den Muggelstein auf das Bild mit der Katze!*
  Kontrolle: Lehrer legt den Muggelstein auf die Folie.

Sprich das Wort noch einmal ganz deutlich!
Welchen Laut hörst du am Anfang?

• *Lege den Muggelstein auf den Buchstaben K!*
Welches Bild passt dazu? (Kontrolle siehe oben!)

• Rätsel: *Ich bin ein K: Welches Bild gehört zu mir?*
Ich bin ein T: Welches Bild gehört zu mir?

• Lehrer nennt mündlich Rätselsätze:
Ich esse mit einer _abel.
Mein _gel hat Stacheln.
Ich schneide mit einer _ere.

Die Schüler suchen das Bild auf der Lauttabelle, legen einen Muggelstein darauf und nennen den Anlaut als Lösung.

• Bilder der Lauttabelle verschriften:
Bild benennen, Wort deutlich sprechen und in die Lautkette zerlegen, aufschreiben
z.B. „Papagei"
Schüler: *Am Anfang brauche ich ein P wie Papagei, dann ein A wie Affe, nun ein P wie Papagei u.s.w.*
Übung zuerst gemeinsam, dann in Einzelarbeit.

• Zwei Kinder sitzen sich gegenüber, das eine hat einen Stapel laminierter Großbuchstaben umgekehrt vor sich liegen, das andere seine Lauttabelle. Das erste Kind deckt einen Buchstaben auf und fragt:
Welchen Buchstaben habe ich?
Welches Bild gehört zu ihm?
Das zweite Kind sucht das entsprechende Bild auf der Lauttabelle und benennt das Bild und den Buchstaben.

• Zwei Kinder sitzen sich gegenüber. Das eine hat einen Stapel laminierter Bilder der Lauttabelle umgedreht vor sich (siehe auch ➪ **KV 10**), das andere seine Lauttabelle. Das erste Kind hebt ein Bild hoch und fragt:
Was siehst du auf dem Bild?
Mit welchem Buchstaben fängt der Name des Bildes an?
Das zweite Kind sucht das Bild auf der Lauttabelle, sagt, was es sieht und nennt den dazugehörigen Anfangsbuchstaben.

Die letzten beiden Übungen dienen vor allem dazu, die Orientierung der Kinder auf der Lauttabelle zu trainieren.

• Mit einem Buchstaben-Bild-Domino kann vor allem die Zuordnung von Bild und Buchstabe der Anlauttabelle geübt werden. (➪ **KV 2**)

• Als spätere Erweiterung kann auch ein Bild-Wort-Domino eingesetzt werden. (➪ **KV 3**)

• Ein Wort wird an die Tafel geschrieben und die Kinder sollen mit Hilfe der Lauttabelle herausfinden, was es bedeutet. Wer das Wort gefunden hat, flüstert es dem Lehrer ins Ohr. Einigen Kindern gelang das Enträtseln recht schnell, da sie bereits über Vorerfahrungen im Lesen verfügten.
Beispiele für lautgetreue Wörter: Sofa, Kamel, Telefon, Ananas, Turm, Hose, Hase, Mantel, Auto etc.

• Ein Bild von einem Gegenstand, Tier usw. (➪ **KV 4**) wird an der Tafel befestigt und die Kinder sollen das Wort mit Hilfe der Lauttabelle auf ein Blatt schreiben und es dem Lehrer zeigen.

Die letzten beiden Übungen führten wir vor allem in der Vorviertelstunde als Rätsel durch. Sie können auch in Partnerarbeit und während der Freiarbeit durchgeführt werden. Zur Lernbeobachtung trugen wir in eine Liste ein, wer die Lösung besonders schnell fand oder wer dabei noch Schwierigkeiten hatte.

3.3 Phonologische Bewusstheit

Da die Kinder am Anfang die Vokale in den Wörtern oft nicht hören, war es uns wichtig, diese intensiv zu behandeln. Sie nehmen auch innerhalb der Lauttabelle eine besondere Stellung ein. Das heißt, dass zwei Bilder zu einem Vokal auf der Lauttabelle abgebildet sind, weil er einmal kurz und einmal lang klingt.

Beispiel: Ameise – A klingt lang.
Apfel – A klingt kurz.

Am Wort „Blumentopf" haben wir die Silbensprechweise (Robotersprache: Lehrer und Kinder sprechen wie ein Roboter) eingeführt und die Vokale farbig gekennzeichnet. Daran erkannten die Kinder, dass in jeder Silbe ein Vokal enthalten sein muss. Tägliche kurze Übungen festigten diese Erkenntnis bei den Kindern.
Im Umgang mit der Lauttabelle stellten die Kinder recht schnell fest, dass manche Buchstabenverbindungen (Sp, St, Qu, Ch) anders gesprochen als geschrieben werden. Hier haben wir je nach Situation Wörter gesammelt, die diese Besonderheit aufweisen und Wort-Bild-Plakate entworfen, die im Laufe der Zeit vervollständigt wurden. Auf einem Wort-Bild-Plakat steht das jeweilige Wort, das entsprechende Bild wird dazugeklebt. Beispiele für Wörter und Bilder zu Sp, St, Qu und Ch finden sich im Materialteil (➪ **KV 5**).
Am Beispiel dieser Buchstabenverbindungen haben wir mit den Kindern die Sprechweise *„Ich höre bei Spinne Schp, aber ich schreibe Sp"* konsequent von

Anfang an eingeübt. Wenn die Kinder lesen können, werden die Wort-Bild-Plakate durch reine Wortlisten (als Plakate in der Klasse) ersetzt.

Beispiel:

Spinne, Spielplatz, Spardose, Springseil, Spaten, Spezi usw.

Die schwierigen Buchstaben C, V, X, Y, die orthographische Besonderheiten sind, haben wir je nach Situation im Laufe des Lernprozesses mit Merkstellen versehen, wie (z.B. Clown mit C, Computer mit C usw. und dazu je nach Bedarf ebenfalls Wort-Bild-Plakate erstellt (➪ **KV 6**). Die Kinder erfuhren allmählich, dass es manche Wörter bzw. Buchstaben gibt, die nicht lauttreu sind und die sie sich deshalb besonders merken müssen. Dieses Wissen wird genauso aufgebaut wie die Erfahrung mit Fremdwörtern, die den Kindern im täglichen Leben begegnen, z.B. Handy, Teletubbis u.Ä.

Die Vermittlung dieser Besonderheiten stand natürlich nicht am Anfang des Lernprozesses, da die lauttreue Verschriftung die erste Strategie im Umgang mit der Buchstabentabelle ist, doch unserer Erfahrung nach ist es je nach Lernsituation der Kinder erforderlich, dann darauf einzugehen, wenn sie es wissen wollen.

Abb. 3: „LEGO-Tasse"

Im Morgenkreis konnten sie, je nach Leistungsstand, Wörter selbst vorlesen oder uns das Heft geben. Dadurch war von Anfang an der kommunikative Aspekt mit dabei: Wörter, die die Kinder aufgeschrieben hatten, konnten gelesen werden.

4. Die ersten Schreibversuche

4.1 Kraut- und Rübenheft

Bereits in den ersten Tagen starteten die Kinder ihre ersten Schreibversuche. Begriffe aus der Umwelt, die sie schon oft gesehen hatten, wurden von ihnen abgeschrieben oder aus dem Gedächtnis aufgeschrieben.

Beispiele:

Namen von Einkaufsmärkten (ALDI, NEUKAUF, ...)
Namen von Lieblingsspielzeugen (GAMEBOY, LEGO, ...)
Aufdrucke auf Stiften, Heften oder Büchern (GEHA, LAMY, ...)

Werbespots wurden aus Prospekten ausgeschnitten, in das Heft geklebt und/oder abgeschrieben, je nach dem Leistungsvermögen der Kinder und den individuellen vorherigen Schreiberfahrungen.

Einige Kinder versuchten bereits, Namen von Gegenständen aus der Lauttabelle zu verschriften, z.B. Ball, Hut, Eule.

Der emotionale Aspekt der Schreibversuche wurde dadurch deutlich, dass die Kinder auch Wörter, die ihnen wichtig waren, in das Kraut- und Rübenheft schrieben (Namen des Freundes, der Freundin).

Die didaktische Intention des Kraut- und Rübenheftes bestand darin, die Schreibmotivation der Kinder zu fördern.

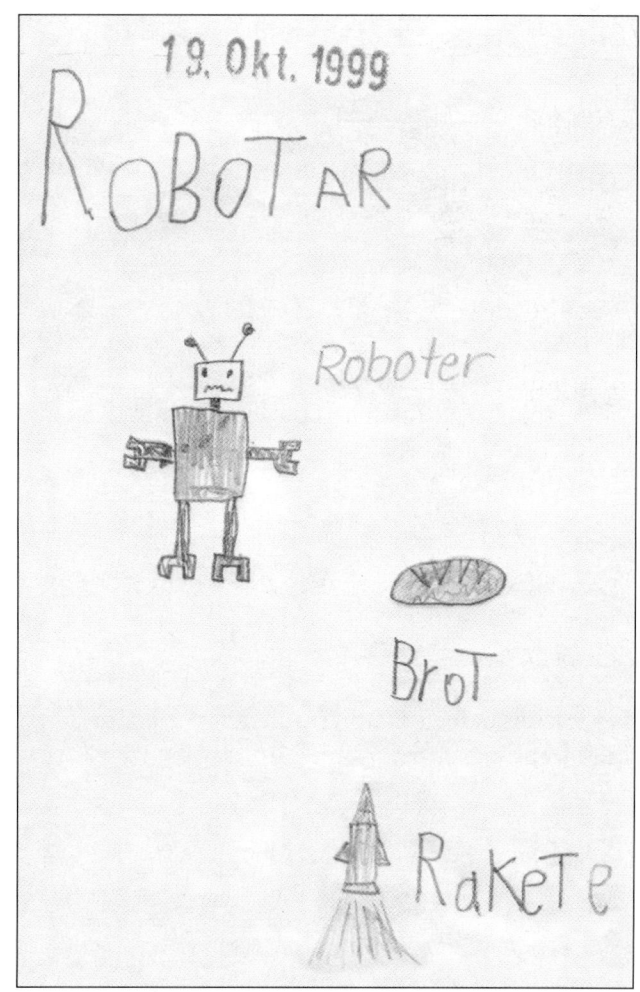

Abb. 4: Kraut- und Rübenheft (Ausschnitt)

Täglich wurde ein gemeinsames Wort, das sich aus dem Morgenkreis ergab oder die Lösung des Morgenrätsels (Bild-/Worträtsel) war, mit den Kindern an der Tafel in seine Lautkette zerlegt und von ihnen ins Kraut- und Rübenheft geschrieben, z.B. W-A-L oder S-O-F-A (⇨ **KV 4**).

Die von uns vorgegebenen Wörter waren lauttreu, die von den Kindern nicht immer. Dies akzeptierten wir zugunsten der Schreibmotivation. Später erweiterten wir die Übung zum Satz oder Spruch des Tages, z.B. „Der Affe angelt Ananas".

Bei diesen gemeinsamen Schreibübungen verwendeten wir von Anfang an Groß- und Kleinbuchstaben. Den Kindern stellten wir es zunächst frei, diese Unterscheidung zu treffen.

4.2 Erwachsenen- und Kinderschrift

Aufgrund der unterschiedlichen Stufen, die ein Kind beim Schriftspracherwerb durchläuft, war es nur natürlich, wenn das von den Kindern Geschriebene nicht gleich der Rechtschreibung entsprach, z.B. FATA statt Vater.

Die offensichtliche rechtschriftliche Diskrepanz erklärten wir den Kindern dadurch, dass sie in der Kinderschrift schrieben und wir in der Erwachsenenschrift. Ab und zu sammelten wir das Kraut- und Rübenheft ein und schrieben den Kindern mit einem andersfarbigen Stift die Wörter in der Erwachsenenschrift darunter oder darüber. An den von den Kindern geschriebenen Wörtern veränderten wir nichts.

Den Kindern war damit von Anfang an klar, dass sie zuerst anders schreiben als die Erwachsenen und

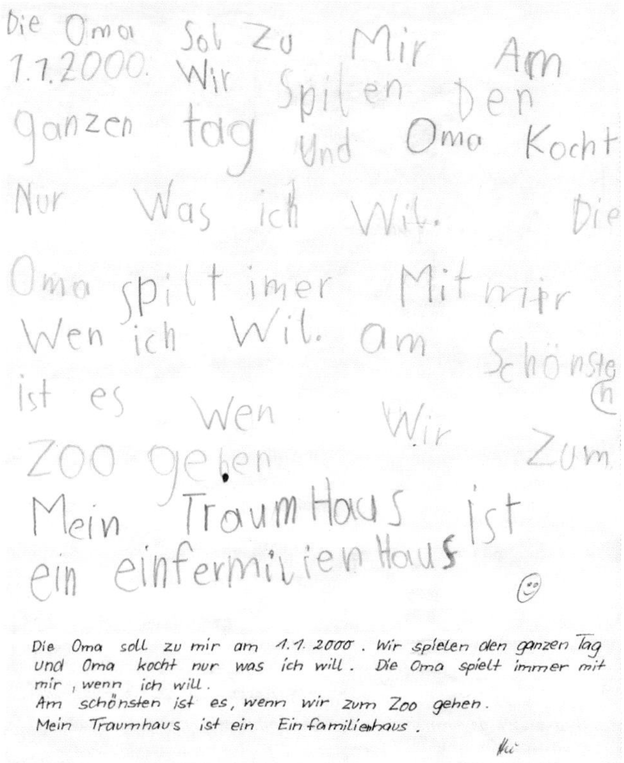

Abb. 5: Kinder- und Erwachsenenschrift

dies so okay sei. Erst mit der Zeit lernen sie, wie Erwachsene zu schreiben. Die ergänzte Erwachsenenschrift hinderte in keinem Fall die Schreibmotivation, sondern förderte die sogenannte Rechtschreibsensibilität, auf die unter Abschnitt 9, S. 18 (Und wo bleibt die Rechtschreibung?) noch näher eingegangen wird.

Im Laufe der Zeit hinterfragten die Kinder immer mehr ihr Geschriebenes und wollten wissen, ob ihr Wort der Erwachsenenschrift entspricht oder warum nicht.

5. Die ersten Wörter

5.1 Bild-/Worträtsel

Die Vorviertelstunde und die Anfangsphase der Freiarbeit war der didaktische Ort der Bild-/Worträtsel, die bereits oben erwähnt wurden.

- Bildrätsel: Ein Bild bzw. mehrere Bilder (zur Leistungsdifferenzierung) wird/werden an die Tafel gemalt oder angeheftet. (⇨ **KV 4**)
  Die Kinder versuchen, mit Hilfe der Lauttabelle die dargestellten Wörter aufzuschreiben.

- Worträtsel: Ein Wort bzw. mehrere Wörter wird/werden an die Tafel geschrieben. Die Kinder versuchen, mit Hilfe der Lauttabelle die Bedeutung des Wortes/der Wörter zu erschließen, ein Bild dazu zu malen oder es dem Lehrer ins Ohr zu flüstern.

Zur Differenzierung und innerhalb der Freiarbeitsphase sind noch folgende Übungen möglich:

- Die Kinder nehmen sich ausgestanzte Schablonen von Dingen aus dem Blindekuhspiel des Ravensburger Verlages und verschriften sie mit Hilfe der Lauttabelle.

- Eine Kartei mit lauttreuen Bildkarten kann bereitgestellt werden.

- Verschiedene Bildrätsel werden als Computerlernsoftware angeboten und können von den Kindern durchgeführt werden.

5.2 Buchstabengeburtstage

Um die einzelnen Buchstaben zu festigen, führten wir so genannte Buchstabengeburtstage ein. Bereits am Tag vorher erfuhren die Schüler, welcher Buchstabe am nächsten Tag Geburtstag hat.
Die Reihenfolge der Geburtstage richteten wir nach der an der Schule vorhandenen Fibel und/oder dem

Arbeitsheft aus. Die Kinder brachten Gegenstände mit, die mit diesem Buchstaben anfangen und versteckten sie am nächsten Morgen in einem „Dickwanst" (gestalteter Wäschesack), der an der Tafel hing. Wir setzten uns dann in einen Sitzkreis auf den Boden, eine Geburtstagskerze wurde angezündet und die Karten des Buchstabens (Groß- und Kleinbuchstabe), der Geburtstag hatte, wurden in die Mitte auf den Teppich gelegt. Es wäre auch möglich, ein Geburtstagslied für den Buchstaben zu singen.

Die Kinder durften nun je einen Gegenstand im „Dickwanst" erfühlen, seinen Namen nennen und ihn herausholen, um die Lösung zu überprüfen. Gleichzeitig schrieben wir den Namen des Gegenstandes auf eine Wortkarte, lautierten ihn gemeinsam mit den Kindern und legten die Karte zum erratenen Gegenstand in die Mitte des Kreises auf den Teppich. Das wiederholten wir so lange, bis alle Gegenstände aus dem Wäschesack erraten waren. Diese lagen nun mit ihrem Namensschild auf dem Teppich in der Mitte des Sitzkreises. Die Kinder mussten die Augen zumachen, denn „ein Kobold kam" und vertauschte die Schilder. Ihre Aufgabe war es anschließend, wieder die richtigen Namen zu den Gegenständen zu legen. Danach wurden die Gegenstände mit den Namensschildern auf den Geburtstagstisch gelegt und blieben bis zum nächsten Buchstabengeburtstag liegen.

Wenn ein Buchstabe Geburtstag hatte, bei dem es Dinge zum Essen gab, brachten wir oder die Kinder diese mit und wir verspeisten sie gemeinsam. Beim T-Geburtstag gab es Torte und Tee, beim Ei-Geburtstag aßen wir Eis usw.

Anschließend erhielten die Kinder ein Arbeitsblatt mit dem Buchstaben und mit Bildern von Dingen, die den jeweiligen Buchstaben als Anlaut bzw. Inlaut haben (z.B.: A/a: **A**ngel, O**m**a). (⇨ **KV 7.1**)

Wir benannten, lautierten und verschrifteten sie gemeinsam. Teilweise waren bereits Dinge vom Geburtstagstisch dabei. Die übrigen konnten die Kinder malen und die Namen dazu schreiben. Als Hausaufgaben durften sie noch andere Gegenstände dazu malen, schreiben und das Blatt weiter ausgestalten.

Abb. 6: Buchstabengeburtstag „W"

Am nächsten Tag erhielten die Schüler ein erweitertes Arbeitsblatt von uns, welches wir mit den Geburtstagswörtern erstellt hatten. (⇨ **KV 7.2**)

Die Kinder lasen die Wörter, spurten sie nach und schrieben die Zeile mit den Wörtern voll. Weitere Übungen schlossen sich an.

Beide Arbeitsblätter, das Blatt mit den Geburtstagsdingen und das erweiterte Geburtstagswörterblatt, können entweder in ein Buchstabenheft geklebt oder in einem Schnellhefter gesammelt werden.

Zusätzlich klebten die Kinder oft noch Beispiele ein, die sie aus Zeitungen und Zeitschriften ausgeschnitten hatten.

Außerdem konnten die Kinder jederzeit in das Kraut- und Rübenheft noch weitere Wörter, in denen der Geburtstagsbuchstabe enthalten war, ergänzen. Sie suchten sich dazu auch aus Büchern der Klassenbücherei oder aus der Fibel passende Wörter, Sätze und Geschichten heraus.

(Je mehr die Lese- und Schreibfähigkeit der Kinder zunahm, desto weniger war es notwendig, die Geburtstagswörterblätter zu erstellen. Wir schrieben stattdessen die Geburtstagswörter an die Tafel, die Schüler schrieben diese in ihr Buchstabenheft ab, ergänzten eine Zeile und malten das jeweilige Bild an das Ende der Zeile. (Deswegen finden sich im Materialteil nicht zu allen Buchstaben Arbeitsblätter.)

Im weiteren Verlauf der Unterrichtseinheit und während der Wochenfreiarbeit standen den Kindern zur Sicherung des Buchstabens zusätzliche Übungen zur Verfügung.

Beispiele:
Sie konnten Buchstaben
- aus verschiedenen Materialien nachfühlen,
- in den Sand schreiben, kneten, hüpfen, turnen, stempeln,
- aus Einzelformen zusammenlegen,
- groß an der Tafel oder auf Papierrollen nachschreiben,
- in Zeitschriften suchen und aufkleben usw.

5.3 Der Einsatz eines Arbeitsheftes

Klasse 1A

Wie mit den Eltern besprochen, setzte ich zur Sicherung der Buchstaben auch ein Arbeitsheft ein. Dabei hatte die Tatsache, dass die Schüler viele Buchstaben aus der Lauttabelle bereits kannten, keinen Einfluss auf die Lese- und Schreibmotivation der Kinder. Ich besprach die Arbeitsaufgaben des Arbeitsheftes jeweils in der Schule, die Kinder erledigten diese dann zu Hause mit ihren Eltern oder in den Freiarbeitsphasen. Dies war eine zusätzliche, freiwillige Übung zur Sicherung der Buchstaben.

Im Allgemeinen hielten wir es mit den Hausaufgaben so, dass die Kinder jeweils eine Grundhausaufgabe hatten und sich freiwillig noch sogenannte „Schlaumeieraufgaben" aussuchen konnten. Dies entsprach dem unterschiedlichen Leistungsvermögen der Kinder und ihrer unterschiedlichen Leistungsmotivation.

5.4 Der Wörterdetektiv

Mitte Oktober führten wir den Wörterdetektiv ein. Aus den Bildern der Lauttabelle klebten wir Begriffe zusammen, kopierten sie auf ein Arbeitsblatt und stellten es den Kindern als Anlauträtsel zur Verfügung (⇨ KV 8.1/⇨ KV 8.2). Unter jedes Lauttabellenbild schrieben sie den entsprechenden Buchstaben und in die rechte leere Spalte noch einmal das ganze Wort.

Zur Einführung kopierten wir die Anlauträtsel zusätzlich auf Folie und suchten die Wörter gemeinsam am Overheadprojektor. Langsam fügte sich das Wort zusammen, das nun von den Kindern erlesen werden konnte. Im Laufe der Zeit dehnten wir die Übung auf Sätze und Geschichten aus.

Zur Erweiterung dieser Übung können die Schüler aus den vergrößerten Bildern der Lauttabelle (⇨ KV 9) eigene Wörter, Sätze und Geschichten legen und sie von anderen Kindern lesen lassen. Dazu werden die Bilder mehrfach kopiert und können zur besseren Haltbarkeit laminiert werden.

Auch möglich wäre es, den Kindern die Bilder der Lauttabelle als mehrfach kopierten Ausschneidebogen (⇨ KV 10) zur Verfügung zu stellen, damit sie eigene Wörter, Sätze und Geschichten auf die leere Vorlage für den Wörterdetektiv (⇨ KV 8.2) oder ein leeres Blatt kleben und sie in eine Klassendetektivkartei stellen können.

5.5 Der Leseautomat

Mitte November führten wir ein weiteres wichtiges Arbeitsmittel ein, den Leseautomaten. Jedes Kind erhielt einen DIN-A6-Ringordner mit leeren Blättern und ein Arbeitsblatt mit von uns ausgewählten, lauttreuen Geburtstagswörtern und den dazugehörigen Bildern (⇨ KV 11).

Diese schnitten die Kinder aus und klebten sie in den Leseautomaten. Dabei kam auf die Vorderseite jeweils das Wort und auf die Rückseite das passende Bild. Nun hatten die Kinder die Möglichkeit, selbstständig damit zu arbeiten: Sie konnten das Wort auf der Vorderseite erlesen und es anhand des Bildes auf der Rückseite kontrollieren. Dies diente der Förderung der Lesefähigkeit.

Eine zweite Einsatzmöglichkeit bestand darin, dass sich die Kinder zuerst das Bild anschauten und versuchten, das Wort mit Hilfe der Lauttabelle zu schreiben. Dies diente der Schreib- und Rechtschreibförderung.

Der Leseautomat kann auch im Sinne einer Kartei verwendet werden, indem bereits beherrschte Wörter aussortiert und neue Geburtstagswörter eingeheftet werden können. Der Vorteil liegt darin, dass sich nicht zu viele Wörter im Leseautomaten befinden und die Kinder nicht den Überblick verlieren.

Die Eigenmotivation der Kinder wird dadurch gefördert, wenn sie auch Wörter, die ihnen wichtig sind und die sie gerne richtig lesen und schreiben lernen möchten, in den Leseautomaten mit aufnehmen können. Die Kinder kamen zu uns, zeigten uns ihr geschriebenes Lieblingswort und wir prüften gemeinsam mit ihnen, ob die Schreibweise der Erwachsenenschrift entsprach. Denn im Leseautomaten sollten nur Wörter in der Erwachsenenschrift sein. So stellten wir die rechtschriftlich richtige Schreibweise sicher. Das Wortmaterial kann jederzeit auch durch Wörter des Grundwortschatzes ergänzt und erweitert werden.

Der Leseautomat ist unserer Meinung nach ein entscheidendes Arbeitsmittel, auch um über die erste Klasse hinaus das selbstbestimmte Rechtschreiblernen zu fördern. In der zweiten bzw. dritten Klasse können in den Leseautomaten Trennblätter eingeheftet werden, um die Unterscheidung nach Mitsprechwörtern, Nachdenkwörtern und Merkwörtern zu ermöglichen. Auch Steckbriefe (kognitive Zusätze) können ergänzt werden.

Beispiel:
Merkwörter: *Vater mit V, fahren mit ah.*
Nachdenkwörter: *Wind gehört zu Winde, also mit d.*

6. Der zweite Elternabend

Wie mit den Eltern abgesprochen, führten wir vor den Herbstferien einen zweiten Elternabend durch. Er sollte einem gegenseitigen Erfahrungsaustausch über den Lernfortschritt der Kinder und die eingesetzte neue Methode dienen. Mit Hilfe einer kurzen schriftlichen „Umfrage" versuchten wir, die Meinungen und Wünsche zu erheben.

Die Eltern wurden gebeten, folgende Fragen zu beantworten und die Antworten jeweils auf eine Karteikarte zu schreiben:
Was ist gut gelaufen?
Was würde ich mir wünschen?

Antworten der Eltern:
* *Die Kinder wollen immer wieder schreiben, ohne dass man sie antreiben muss.*
* *Ich soll viel vorlesen.*
* *Mein Kind hat viel Spaß beim Lesen.*

Insgesamt war die Rückmeldung bei den Eltern beider Klassen sehr positiv und wir erhielten den Auftrag, den eingeschlagenen Weg mit den Kindern weiter fortzusetzen.

7. Die ersten Geschichten

7.1 Freude am Schreiben und Lesen

Die Freude am Schreiben versuchten wir dadurch zu fördern, dass die Kinder jeweils nach einem Buchstabengeburtstag die freiwillige Hausaufgabe erhielten, anfangs zusammen mit ihren Eltern, aus den Geburtstagswörtern kleine Sätze und Geschichten zu schreiben. Dies konnten auch Unsinnssätze und lustige Geschichten sein. Manche Kinder wollten den Nachmittag gar nicht abwarten und erfanden bereits in der anschließenden Freiarbeitsphase in Partnerarbeit oder selbstständig kleine Geschichten.

Abb. 7: Erste Geschichten

Am nächsten Tag gaben die Kinder ihre Arbeiten bei uns ab, welche vorwiegend in lauttreuer Schreibweise geschrieben waren. Wir tippten diese Sätze und Geschichten zu Hause in Erwachsenenschrift in den Computer und erstellten somit Leseblätter für die Kinder. Diese waren ganz begierig darauf, ihre Geschichten ausgedruckt zu sehen und sie anderen vorzulesen.

Durch den unterschiedlichen Umfang der Sätze und Geschichten hatten wir gleichzeitig ein differenziertes Material zur Übung der Lesefähigkeit. Die Kinder erhielten als Lesehausaufgabe, sich eine Geschichte auszusuchen, die sie gerne üben wollten. Durch diese freiwillige Auswahl des Textes erhöhte sich die Lesemotivation erheblich.

Die Schreibfreude zeigte sich darin, dass fast alle Kinder Geschichten ablieferten, manche sogar mehrere. Im Laufe der Zeit schrieben einige Kinder in der Freiarbeit oder zu Hause ihre Geschichten gleich selbst in den Computer.

Pippo der Pinguin

Der Punguin Pippo planschte fröhlich in einem Planschbecken herum.
Plötzlich kam ein frecher Papagei daher. Er wollte Pippo aus dem Planschbecken jagen. Der Papagei pickste Pippo in den Popo. "Aua" schrie Pippo, "das lass ich mir nicht gefallen!"
Pinguin Pippo plusterte sich auf und pustete den Papagei weg.

Abb. 8: Geschichte, die ein Kind am Computer geschrieben hat

7.2 Anlegen eines Geschichtenheftes oder einer Geschichtenmappe

Die als Lesegrundlage dienenden Arbeitsblätter mit Geburtstagssätzen oder Geschichten können in ein DIN-A4-Heft hineingeklebt oder in einer selbst gestalteten Mappe gesammelt werden. Diese Geschichtenhefte oder -mappen waren für die Kinder eine Fundgrube, um Geschichten in der Freiarbeit nachzulesen oder sie anderen Kindern vorzulesen. Auch in der an der Schule eingeführten Fibel fanden die Kinder zusätzliche Geschichten, die sie sich in der Schule während der Freiarbeitsphasen oder der Lesezeit bzw. zu Hause erlesen und vorlesen konnten.

7.3 Leseeltern

Da die bis dahin weit verbreitete Lesemethode, bei welcher ein Kind einen Text vorliest, die anderen zuhören und anschließend noch einmal den gleichen Text lesen, nicht in unser Konzept des selbstgesteuerten Leselernprozesses passte, überlegten wir uns den Einsatz von Leseeltern. Diese Möglichkeit hatten wir bereits am 1. Elternabend angekündigt. Um sie nun umzusetzen, benötigten wir aus rechtlichen Gründen das Einverständnis aller Eltern, da in der Klasse eingesetzte Eltern Einblick in die Leistungsfähigkeit anderer Kinder erhalten können. Dazu verfassten wir folgenden Elternbrief mit genauen Informationen und einer Einverständniserklärung.

15.12.1999

Zum zweiten Elternabend im Oktober hatte ich angefragt, wer es ermöglichen kann, sich als Lesemutter/Lesevater zur Verfügung zu stellen. Einige Eltern haben sich bereit erklärt, bei diesem Vorhaben mitzuwirken. Da Sie nicht alle anwesend waren, möchte ich es kurz erklären. Zweimal in der Woche jeweils dienstags und donnerstags von 8.40 Uhr bis 9.25 Uhr soll unsere Lesezeit sein. Die Kinder wählen sich aus der Regenbogen-Lesekiste oder aus unserer Klassenbücherei Bücher aus, die sie gerne vorlesen möchten. Die Lesemütter oder Leseväter hören zu und stehen als Ansprechpartner zur Verfügung. Natürlich können an einem Tag maximal 3 Personen in die Klasse kommen, so dass ich noch einen detaillierten Plan aufstellen werde, damit Sie sich eintragen können.

Dieses Vorhaben lässt sich allerdings nur verwirklichen, wenn Sie alle damit einverstanden sind. Deshalb bitte ich Sie, die unten stehende Erklärung zu unterschreiben und Ihrem Kind wieder mitzugeben. Falls Sie noch Fragen haben, so melden Sie sich einfach bei mir.

Für heute verbleibe ich mit freundlichen Grüßen

[Unterschrift: Gisela Hildrich]

Erklärung

Ich bin damit einverstanden/nicht einverstanden, dass in der Klasse meines Sohnes/meiner Tochter _____ Lesemütter und Leseväter eingesetzt werden.

Ich stehe als Lesemutter/Lesevater zur Verfügung/ nicht zur Verfügung.

Datum: _____

Unterschrift: _____

Abb. 9: Elternbrief zu den Leseeltern

Die Zustimmung aller Eltern war in beiden Klassen ohne Schwierigkeiten zu erhalten, so dass wir im Januar beginnen konnten. Den Einsatz der Eltern handhaben wir unterschiedlich.

Klasse 1B

An zwei Tagen der Woche war jeweils für eine Stunde unsere Lesezeit. Die Eltern konnten sich in eine Liste eintragen, zu welchem Termin sie als Lesemutter bzw. Lesevater zur Verfügung stehen würden. Pro Stunde kamen dann 3–4 Eltern zum Einsatz.

Klasse 1A

Jeweils zwei Leseeltern kamen in meiner Klasse an drei Tagen in der Woche während der Freiarbeitsphasen. Sie trugen sich in der Woche vorher in eine Liste ein, damit ich wusste, wer wann zur Verfügung stand.

Alternativ wäre es ebenso möglich, die Kinder zu Hause den Eltern vorlesen zu lassen.

Als Lesestoff schafften wir die Regenbogen-Lesekiste vom Verlag für Pädagogische Medien, Hamburg an. Darin enthalten sind 40 kleine Lesehefte, die nach fünf Leseschwierigkeitsstufen farblich geordnet sind.

Am Anfang stellten wir die Lesehefte der Stufen 1 und 2 den Schülern zur Verfügung. Sie konnten sich jeweils ein Heftchen aussuchen, welches sie einer Lesemutter/einem Lesevater vorlesen wollten. Wenn sie es geschafft hatten, bestätigten die Eltern dies in einem Leseausweis. (⇨ **KV 12.1**: Kopieren Sie S. 124 und 125 so, dass S. 125 auf der Rückseite erscheint und falten Sie den Ausweis anschließend. Die Kinder haben dann ein kleines DIN-A5-Heftchen, in das sie die verkleinerten Titelblätter der gelesenen Hefte kleben können und anschließend die Unterschrift der Lesemutter/des Lesevaters erhalten.)

Die anderen Kinder arbeiteten an Freiarbeitsaufgaben. Je nach Lesefortschritt legten wir die Heftchen mit den höheren Schwierigkeitsstufen bereit. Es können auch andere Texte zusammengestellt werden und das Niveau z.B. mit Klebepunkten (in den Ampelfarben) markiert werden bzw. können Sie eigene Texte mit unterschiedlichen Schwierigkeitsstufen erstellen.

Manche Kinder waren bis zum Ende der ersten Klasse mit dem Lesen aller vierzig Heftchen fertig, andere schafften es bis zum Ende des ersten Halbjahres der zweiten Klasse. Damit auch die Kinder, die schon fertig waren, weiter den Eltern vorlesen konnten, liehen sie sich Bücher aus der Klassenbücherei aus oder lasen Texte aus dem Geschichtenheft/-mappe vor. Die Eltern bestätigten dies in einem zusätzlichen Leseausweis für zu Hause (⇨ **KV 12.2**). Für den selbst gewählten Lesestoff, den die Eltern in die Linie eintragen, bekommen die Kinder eine Unterschrift auf der rechten Seite. Sobald sie eine ganze Spalte geschafft haben, wartet auf sie eine kleine Belohnung. Die Lesemotivation der Kinder war bei dieser selbstbestimmten Vorgehensweise extrem hoch. Durch den Einsatz der Eltern in der Klasse entwickelte sich ein partnerschaftliches Verhältnis zwischen Kindern, Eltern und uns Lehrerinnen.

7.4 Thematische Heftchen

Zur Weiterentwicklung der Schreibfreude erstellten wir mit den Kindern zu verschiedenen Anlässen

(Herbst, Advent, Weihnachten, Winter, Fasching, Ostern, Frühling, Sommer usw.) kleine Heftchen. Dazu nahmen wir ein leeres DIN-A4-Blatt, welches die Kinder zweimal falteten, wodurch wir das Format DIN A6 erhielten. Den oberen Rand schnitten wir ab und tackerten die entstandenen Seiten zusammen. Die Kinder konnten das Heft dem Thema entsprechend mit Bildern, Wörtern und Sätzen gestalten und waren sehr stolz auf ihre eigenen Büchlein.

Abb. 10a: Ausschnitt aus Themenheft „Weihnachten"

Abb. 10b: Ausschnitt aus Themenheft „Herbst"

7.5 Klassenbriefkasten

Klasse 1B

Bei mir in der Klasse waren die Handpuppen Tiger und Bär von Janosch vorhanden, die uns beim Lernen begleiteten. Als zusätzlichen Schreibanlass richtete ich einen Briefkasten ein, in den die Kinder kleine selbst verfasste Briefe mit Wörtern, Rätseln, Puzzles, Geschichten, Erlebnissen usw. hineinwerfen konnten. Die Schüler durften Tiger und Bär alles mitteilen, was sie bewegte und was sie sich wünschten. Die Beantwortung der Briefe erfolgte durch mich.

Der Arbeitsaufwand war zwar recht hoch, doch die Freude der Kinder über die kleinen Antwortbriefe war sehr groß, förderte die Schreib- bzw. Lesemotivation und die Einsicht in den kommunikativen Charakter des Briefeschreibens.

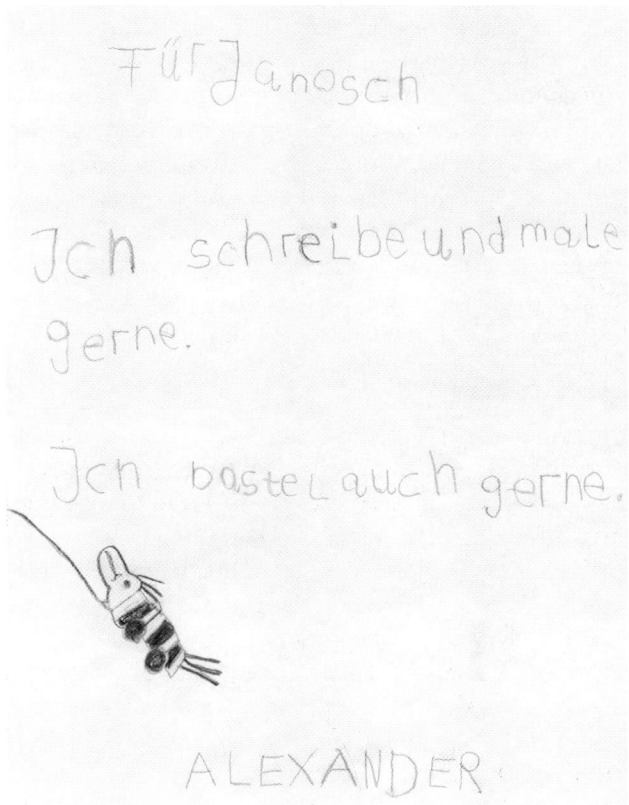

Abb. 11: Brief eines Kindes

8. Zeitlicher Überblick

Monat	Kalender-woche	Aktion
September	36	
	37	Erster Elternabend
	38	Einführung der Anlauttabelle
	39	
Oktober	40	
	41	Einführung des Geschichtendetektivs
	42	
	43	Zweiter Elternabend
	44	
November	45	
	46	Einführung des Leseautomaten
	47	
	48	
Dezember	49	Elternbrief zum Thema Leseeltern
	50	
	51	
	52	
Januar	1	
	2	Erster Einsatz der Leseeltern
	3	
	4	
	5	

9. Und wo bleibt die Rechtschreibung?

Wie bereits in den vorherigen Kapiteln ansatzweise angesprochen, versuchten wir von Anfang an, nicht nur die Schreib-, sondern auch die Rechtschreibfähigkeit der Kinder ihrem Leistungsvermögen entsprechend aufzubauen. Dafür stellt die lauttreue Schreibweise die erste und wichtigste Strategie dar. Die Kinder müssen in der Lage sein, Laute genau zu hören, sie in Schriftzeichen umzusetzen und in Wörtern darzustellen. Dies wird durch unser Konzept unterstützt, da die Kinder durch den Umgang mit der Lauttabelle von Anfang an zum bewussten Hören und Schreiben angeregt werden. Aus den Diskrepanzen, die sich durch den Einsatz der Erwachsenen- und Kinderschrift ergeben, entwickeln die Kinder eine gewisse Rechtschreibsensibilität, die sie zum bewussten Nachdenken über Sprache anregt, das heißt, die Überlegung, ob ein Wort richtig oder falsch sein könnte.

Dabei ist uns besonders aufgefallen, dass die Kinder erklärt haben möchten, warum das Wort so und nicht anders geschrieben wird. Ein weiterer Aspekt ist ebenfalls, dass die Kinder ihre Schreibweise von Wörtern erklären können und auch sehr aufnahmebereit für Korrekturen sind. Es tritt ein so genannter Aha-Effekt ein, der sich für die weitere Rechtschreibentwicklung stets positiv auswirkt.

Natürlich ist es für die Fortsetzung der Rechtschreibentwicklung in der 2. Klasse wichtig, auch spezielle Übungen zu weiteren Rechtschreibstrategien und -besonderheiten sowie zur Groß- und Kleinschreibung und zum Satzbau durchzuführen. Hier verwenden wir in der 2. Klasse „Mein Rechtschreibheft" vom Auer Verlag.

10. Freiarbeit und Wochenplanunterricht

Für die Umsetzung unseres Konzeptes ist die Durchführung von Freiarbeitsphasen und Wochenplanunterricht als Freiraum nötig. Dies entspricht auch der Forderung in den aktuellen Lehrplänen nach offenen Unterrichtsformen und aktiv entdeckendem Lernen. Offene Lernformen können auch intensiv zur Beobachtung des Lernfortschrittes genutzt werden.

Wir möchten allen unseren Kollegen und Kolleginnen Mut machen, sich an diese Art des Unterrichtens zu wagen. Voraussetzung dafür sind klare Regeln und Vereinbarungen mit den Kindern.

11. Arbeit mit dem Computer

Innerhalb unseres Konzeptes gab es viele Möglichkeiten, die Kinder an die Arbeit mit dem Computer heranzuführen. Durch die gute Ausstattung unserer Schulen hatten wir eine kleine Computerecke in unseren Klassenzimmern mit mehreren Computern eingerichtet. Mit dem Schreibprogramm schrieben die Kinder von Anfang an Wörter, später Sätze und Geschichten und ließen sich diese ausdrucken. Viele Kinder besitzen bereits Vorerfahrungen mit dem Computer, d.h. der Umgang mit Schreib- und Lernprogrammen stellte kein Problem dar. Wir mussten sogar Wartelisten anlegen, damit jedes Kind die Chance bekam, am Computer zu arbeiten. Dabei konnten „fittere" Kinder den weniger erfahrenen helfen.

Abb. 12: Helfersystem am Computer

12. Schlussbemerkung

Das Konzept hat uns und den Kindern unheimlich viel Spaß gemacht und die Motivation der Kinder zum Lesen- und Schreibenlernen blieb auch über die erste Klasse hinaus vorhanden. Der Einsatz der Eltern in der Klasse und das permanente gegenseitige Feedback führten zu einem positiven und partnerschaftlichen Verhältnis zwischen uns und den Eltern. Am Ende der ersten Klasse waren alle Kinder in der Lage, lauttreu zu schreiben und sie besaßen eine gewisse Bewusstheit bezüglich der Sprache. Das Konzept entspricht den Forderungen nach selbstbestimmten Lernen, fördert die Eigentätigkeit der Kinder und berücksichtigt in einem sehr hohen Maß die jeweiligen individuellen Lernvoraussetzungen für den Lese- und Schreiblernprozess.

13. Literaturhinweise

– Andresen, U.: Das erste Schuljahr. Stuttgart: Klett Verlag 1991
– Berktold, K./Hoyer, S./Röbe, E./Röbe, H.: Die Auer Fibel. Schulbuch für die 1. Jahrgangsstufe. Donauwörth: Auer Verlag 2001
– Berktold, K./Hoyer, S./Röbe, E./Röbe, H.: Das Auer Arbeitsheft 1. Übungen zum Leselehrgang. Donauwörth: Auer Verlag 2001
– Dolenc, R./Fisgus, C./Kraft, G./Röbe, E./Röbe, H.: Mein Rechtschreibheft 2. Der Weg zum sicheren Schreiben (Ausgabe VA Süd). Donauwörth: Auer Verlag 2002
– Hecker, U./Meyer, C./Butzke, B.: Erfahrungen in der Schreib- und Lesewerkstatt Klasse 1. Mülheim: Verlag a. d. Ruhr 1995
– Hecker, U./Meyer, V./Nüchter, W./Schutte, T.: Schreib- und Lesewerkstatt Klasse 1 (Handbuch und Materialordner). Mülheim: Verlag a. d. Ruhr 1993
– Mann, C.: Selbstbestimmtes Rechtschreiben. Weinheim/Basel: Beltz Verlag 1997
– Balhorn, H./Brügelmann, H./Kretschmann, R. (Hrsg.): Regenbogen-Leseckiste. Texte für Erstleser. Hamburg: Verlag für Pädagogische Medien Vpm 1991
– Nicolas, B.: Offener Unterricht zum Schulanfang. Berlin: Cornelsen Scriptor 1997

Materialteil

I i	R r		ch	ß
H h	Qu qu	Z z	Sch sch	ie
G g	P p	Y y	äu	ng
F f	O o	X x	Eu eu	tz
E e	N n	W w	Au au	ck
D d	M m	V v	Ei ei	Ch
C c	L l	U u	Ü ü	Pf pf
B b	K k	T t	Ö ö	Sp sp
A a	J j	S s	Ä ä	St st

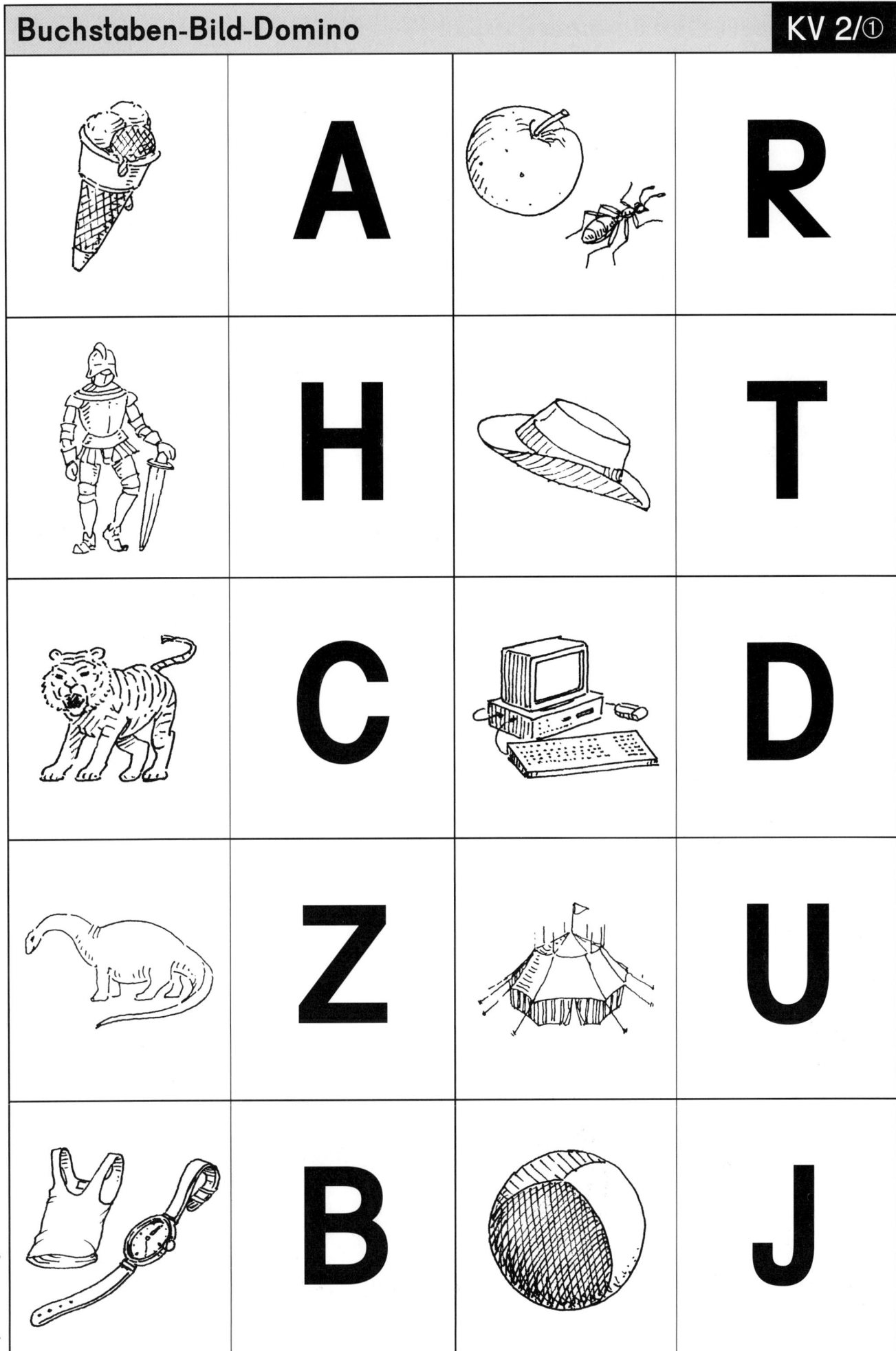

	Ä		I
	E		N
	V		S
	O		G
	Ü		Y

	Apfel		Schere
	Telefon		Maus
	Dose	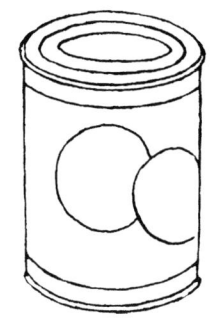	Schuhe
	Auge	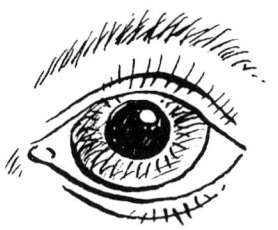	Hose
	Ente		Birne

Materialteil

	Wal		Baum
	Hut		Eis
	Papagei		Ampel
	Haus		Nase
	Ast		Bein

	Öl		Auto
	Ele		Leo
	Tiger		Ameise
	Banane		Blume
	Ei		Sofa

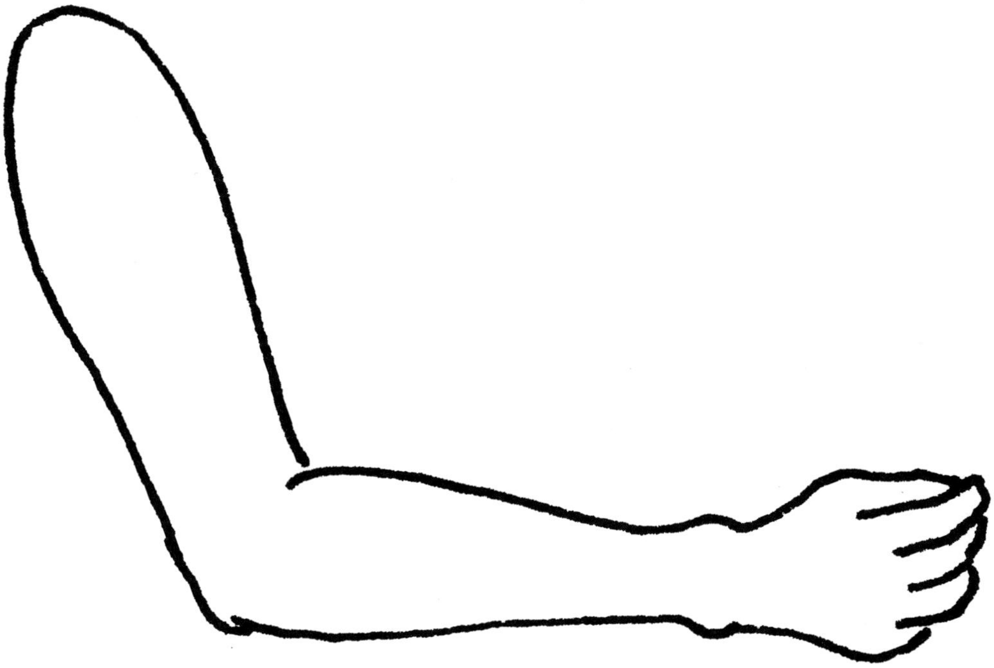

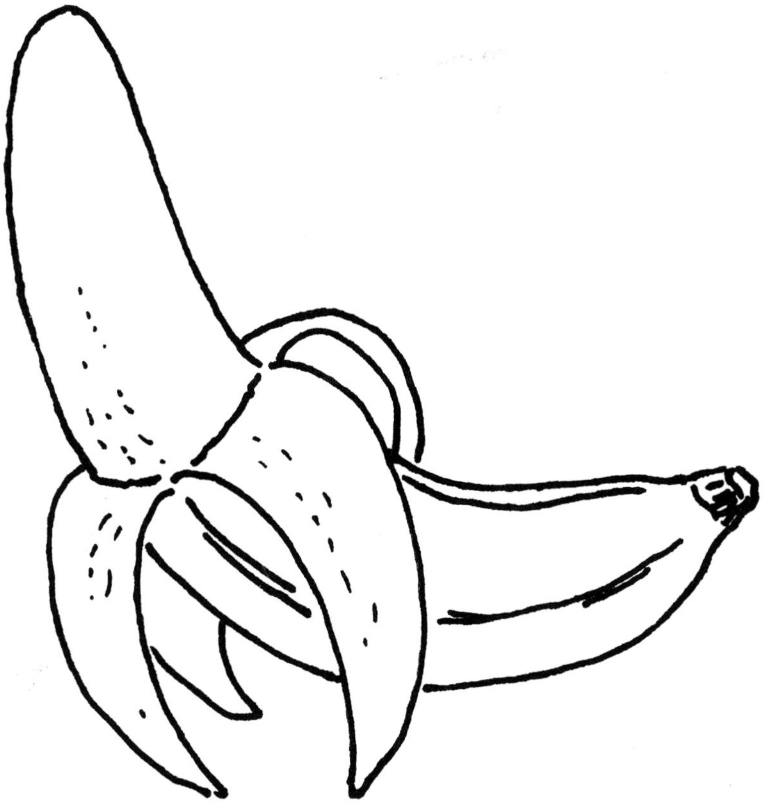

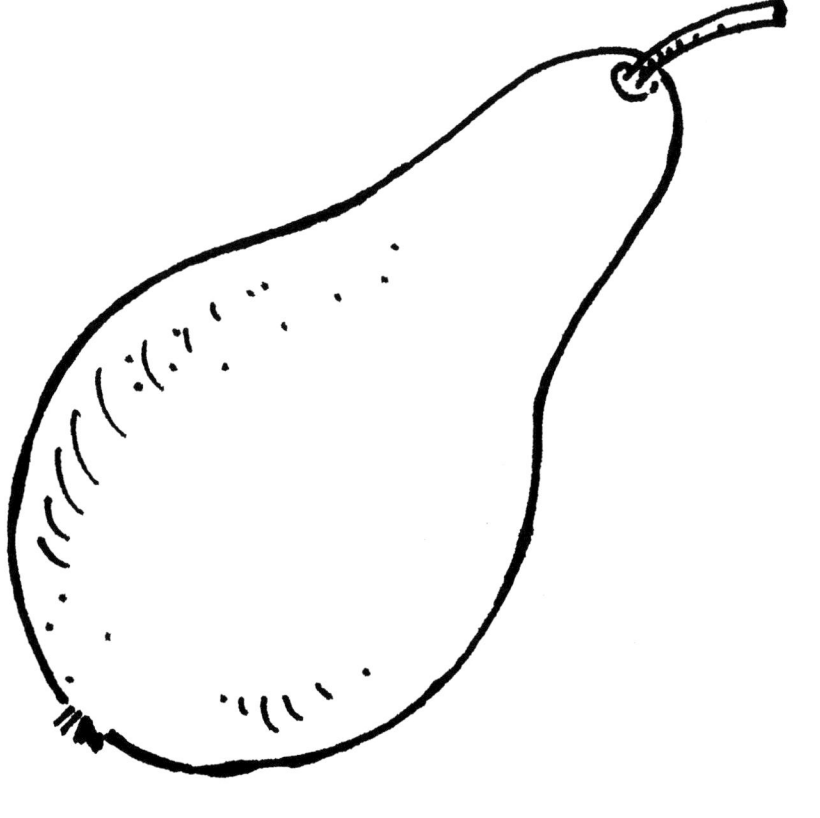

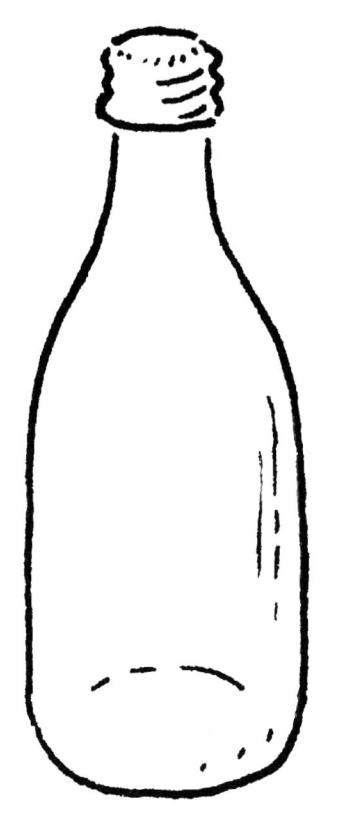

Materialteil

Bilder zu lauttreuen Wörtern: Flöte, Hase

KV 4/⑤

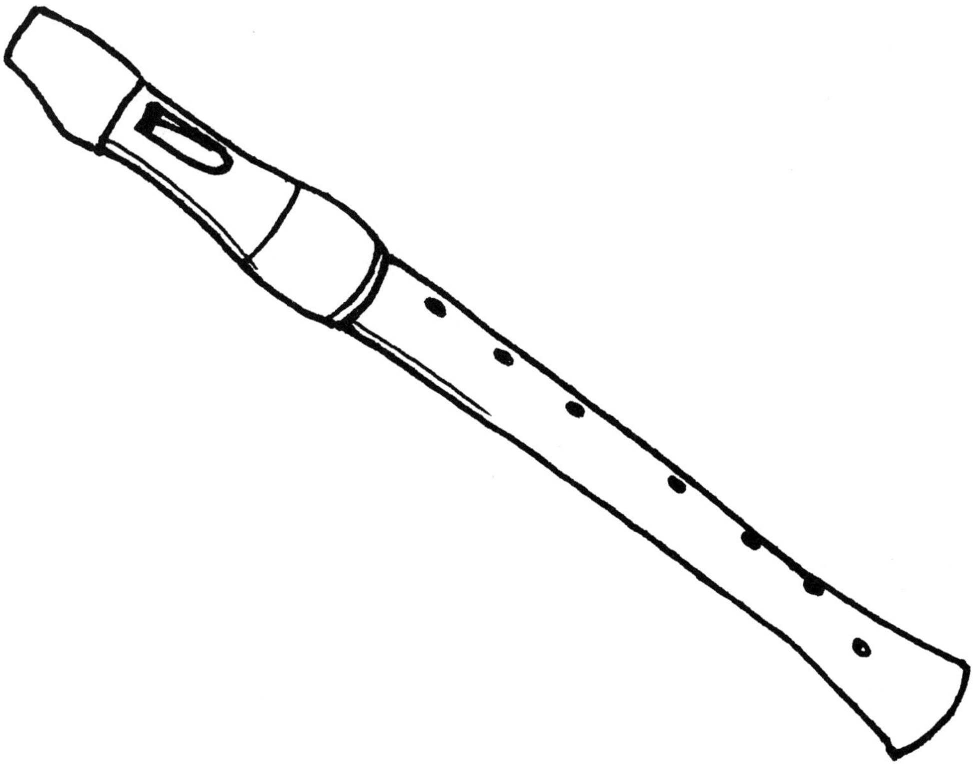

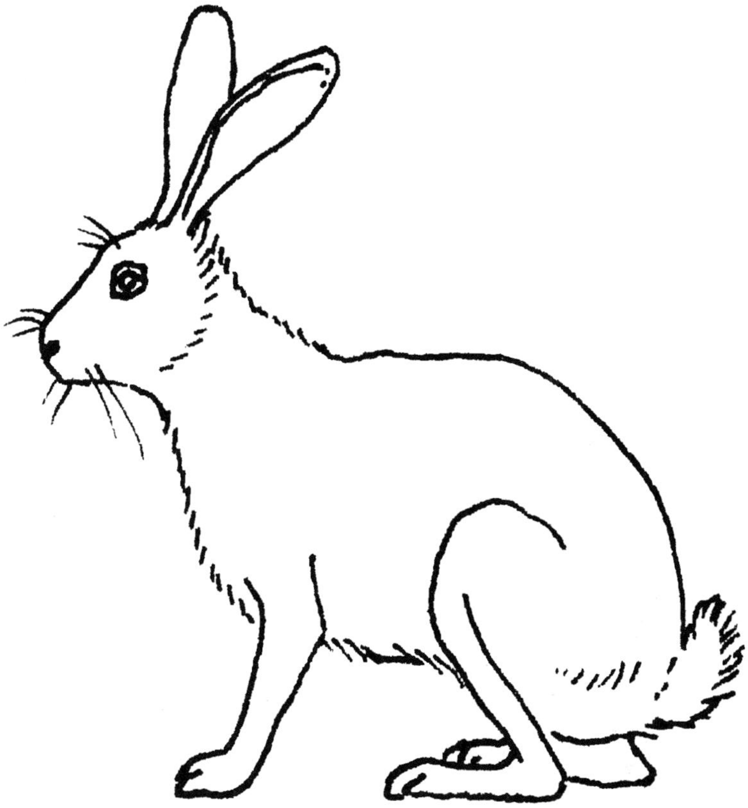

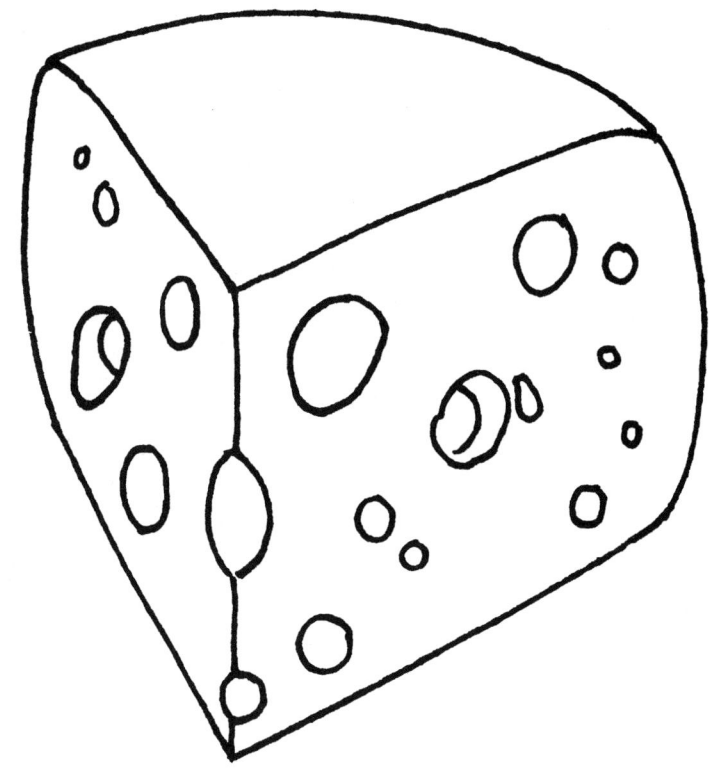

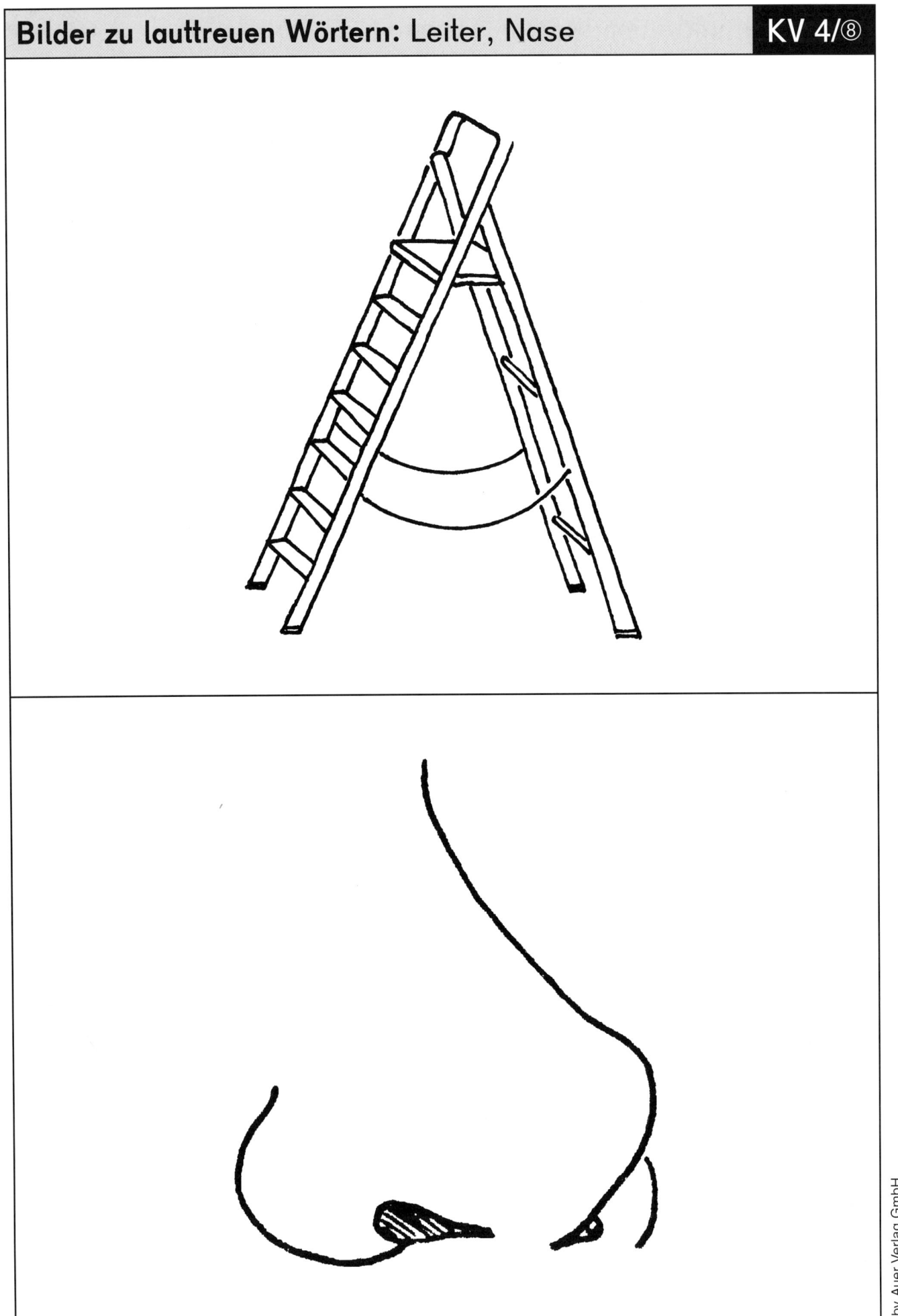

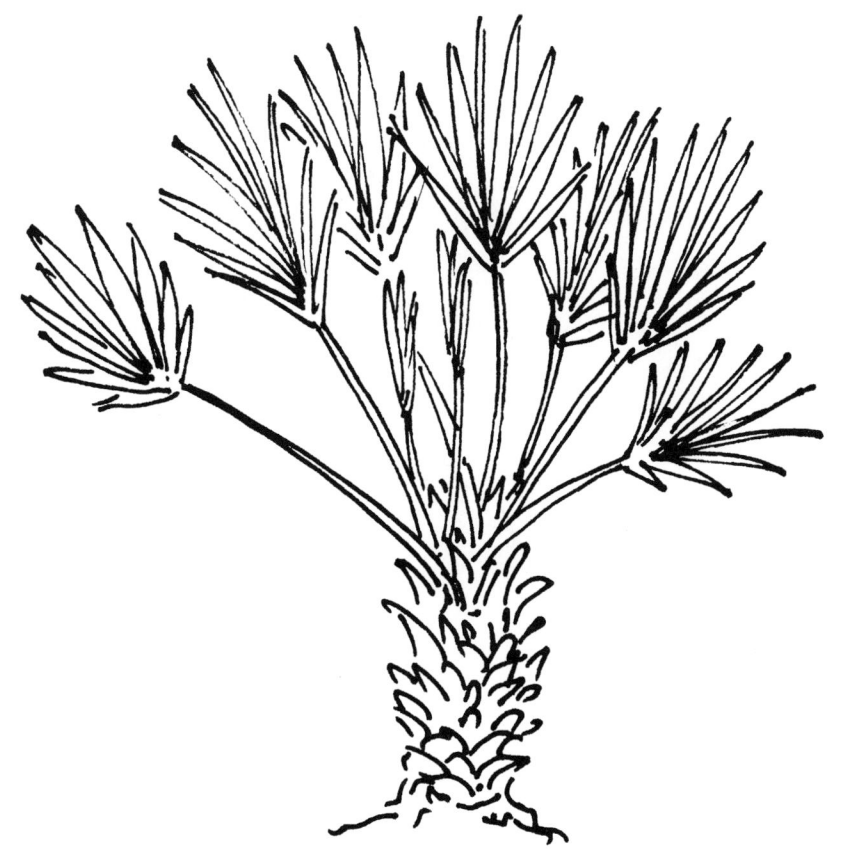

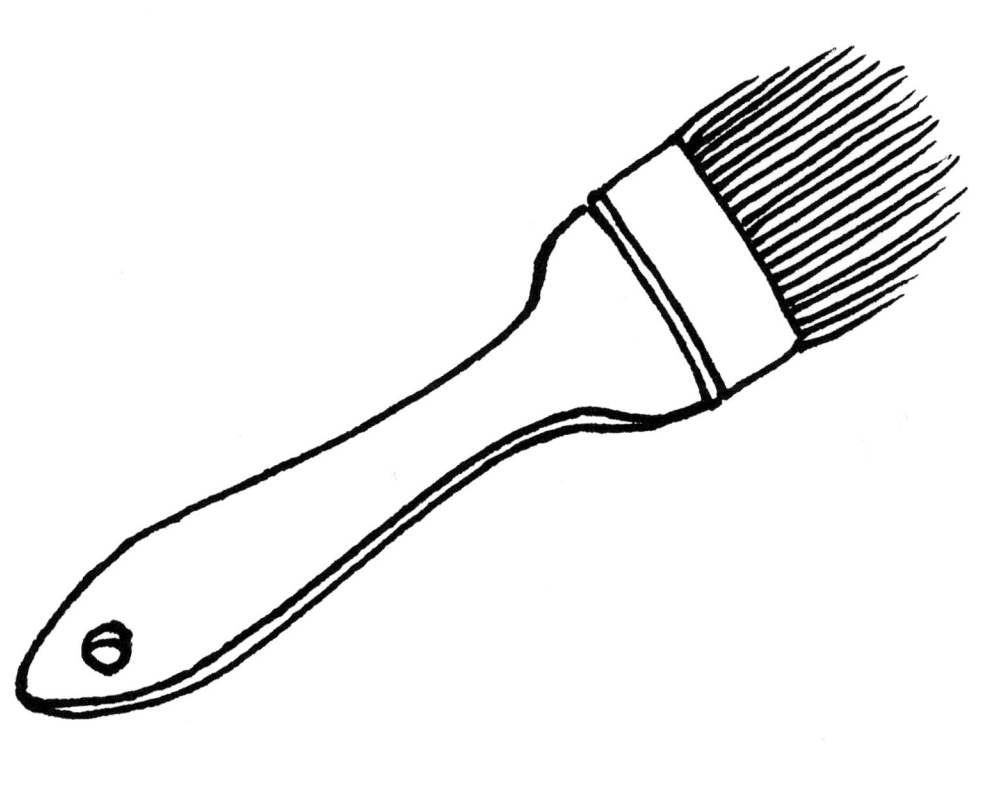

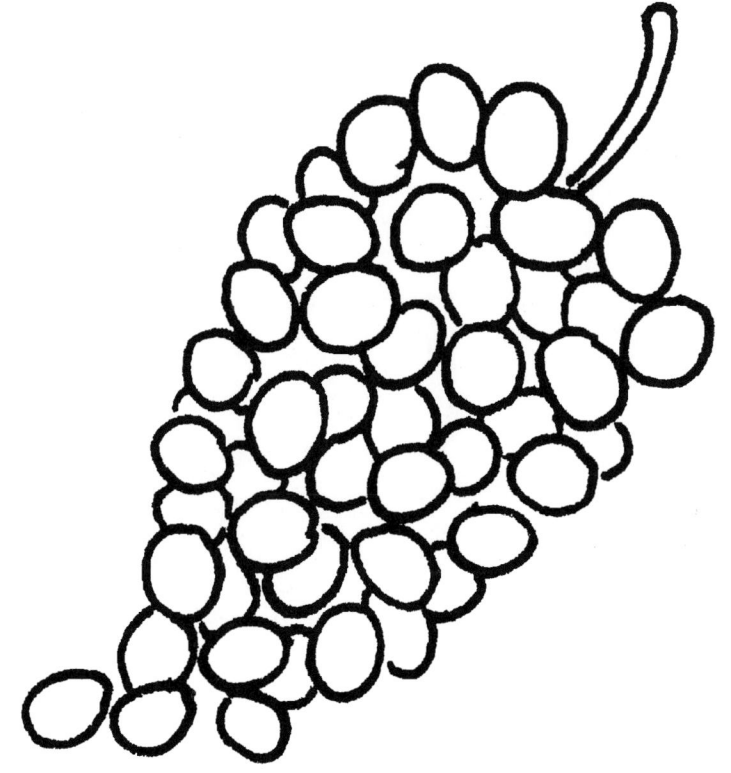

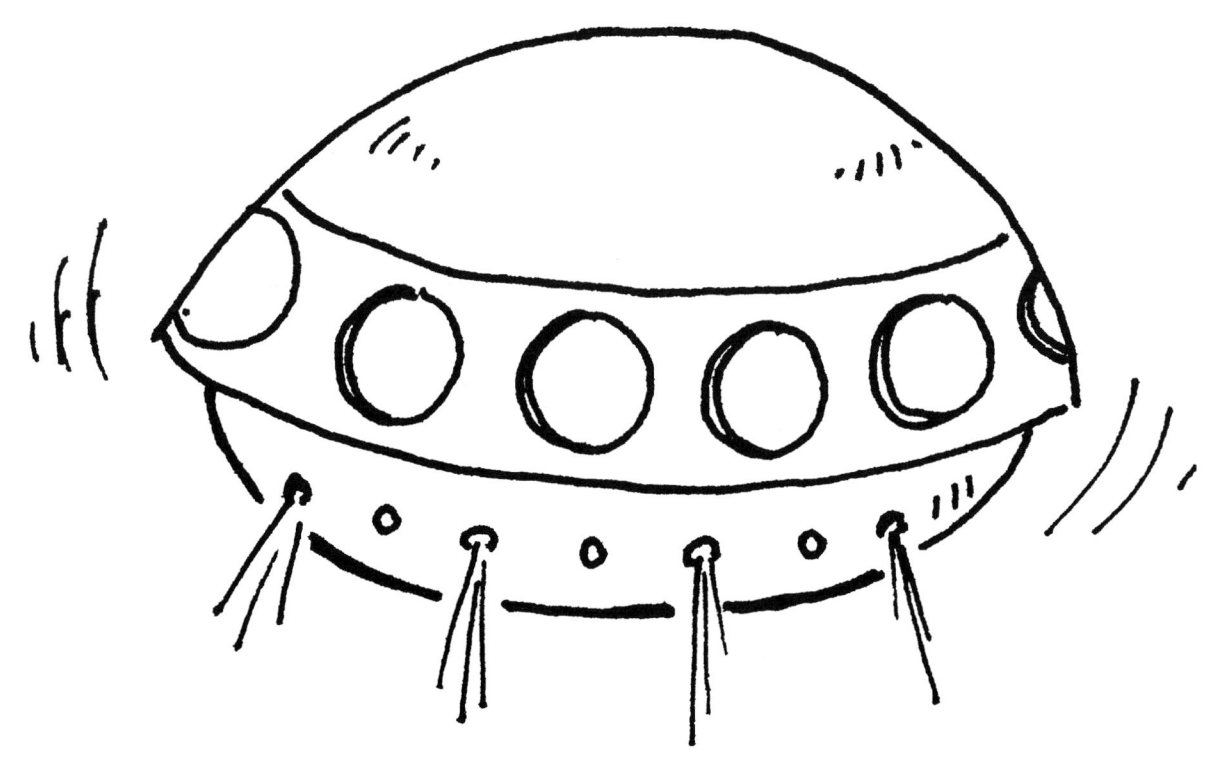

Sp/sp:

Spinne

Spatz

Spagetti

Spuren

Spritze

Gespenst

spielen

St/st:

Stein

Stern

Stuhl

Storch

Nest

Kiste

Ast

Qu/qu:

Quirl

Qualle

Quark

quaken

quiecken

Ch:

Christbaum

Chor

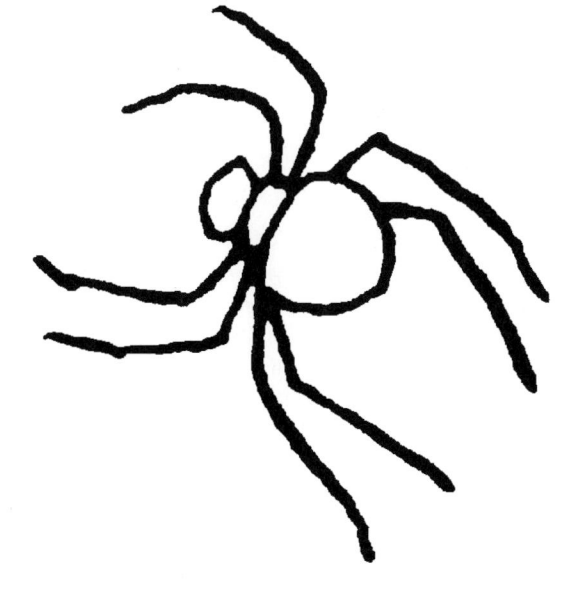

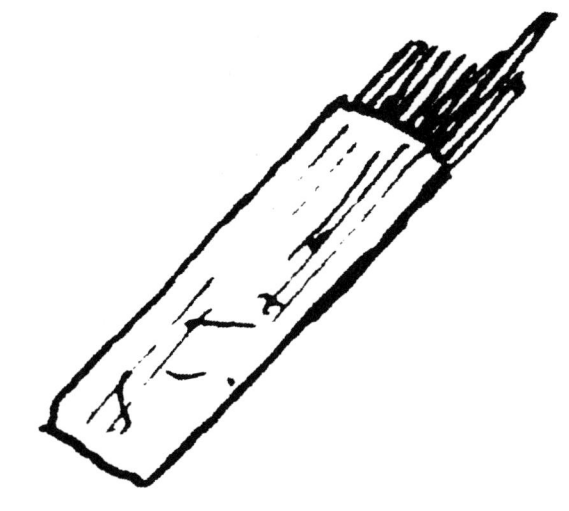

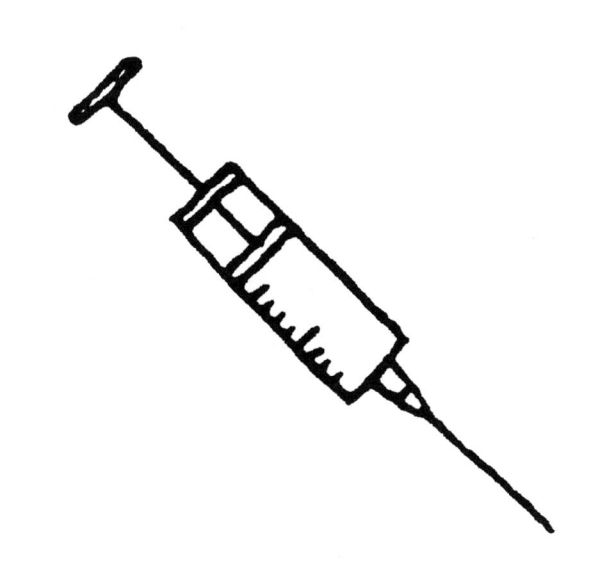

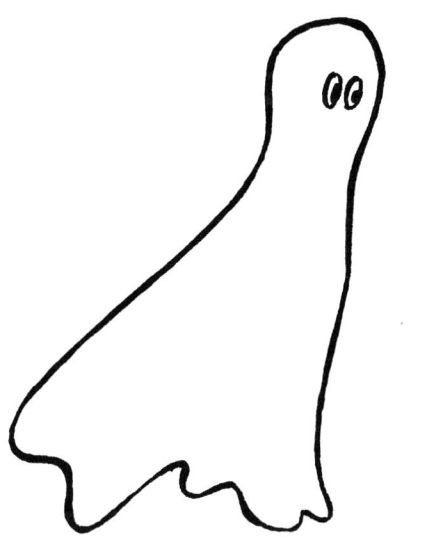

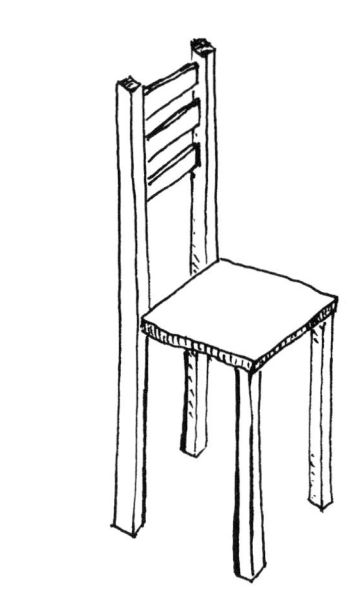

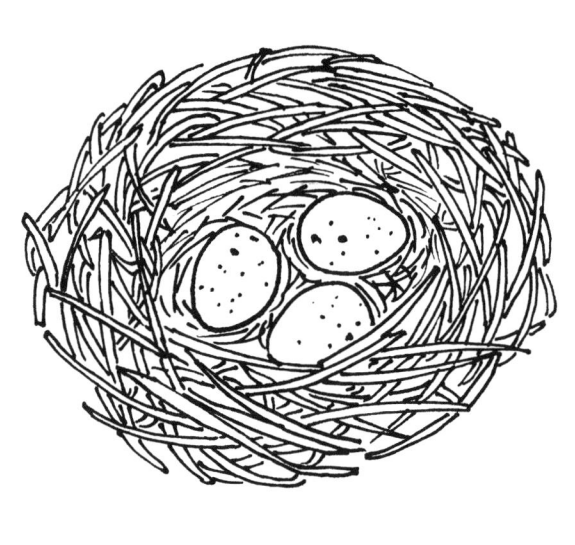

Materialteil

Wörter zu C, V, X, Y

KV 6/①

C/c:

Cent

Clown

Comic

Computer

Popcorn

X/x:

Xylophon

Lexikon

Mixer

Taxi

Hexe

Axt

V/v:

Vogel

Vulkan

Vase

Lokomotive

Pullover

Y/y:

Yvonne

Pyramide

Teddy

Pony

Baby

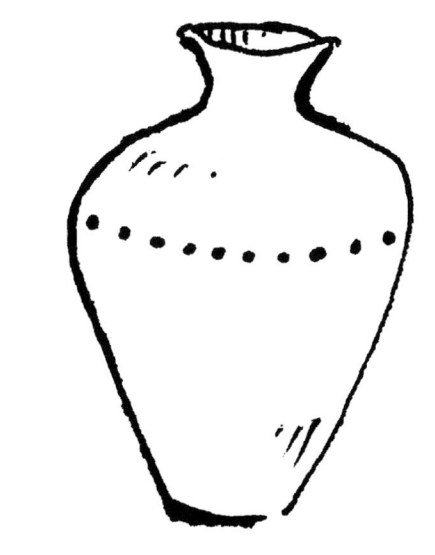

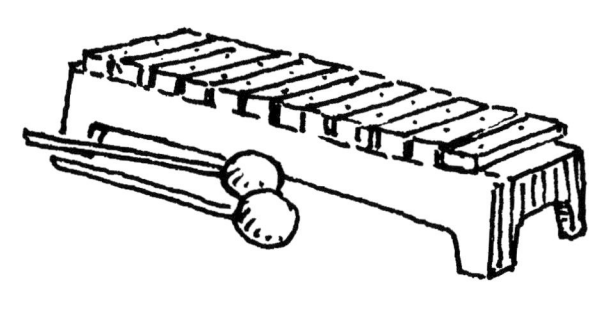

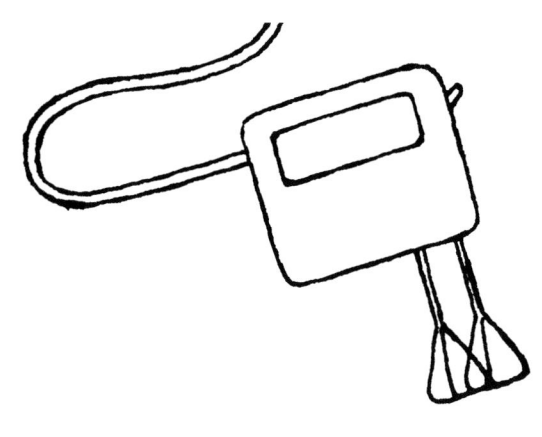

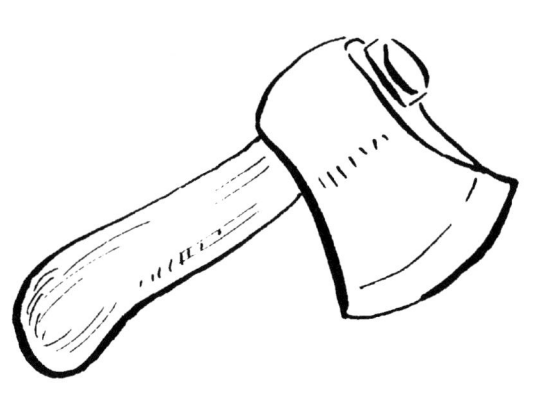

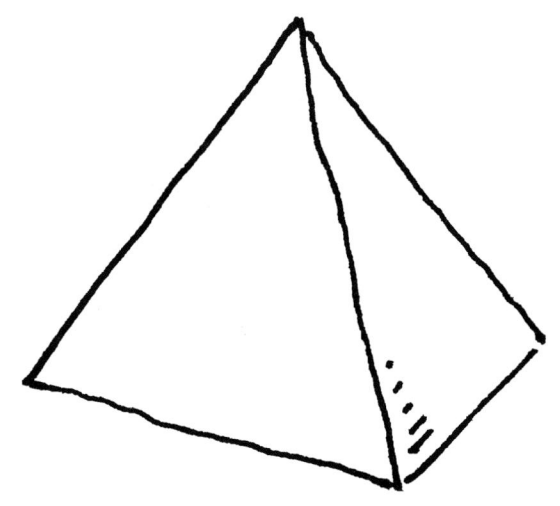

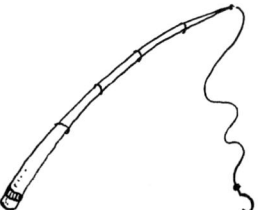

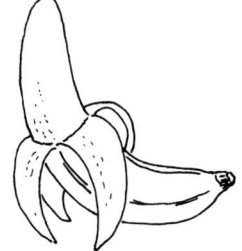

Materialteil

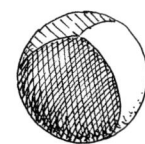 # B b

C c

  # D d

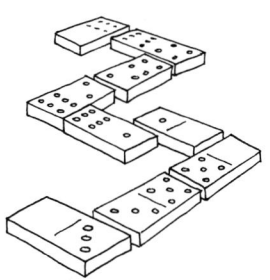

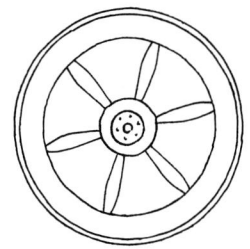

E e

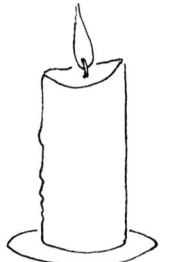

  # F f

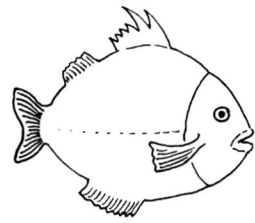

  **G g**

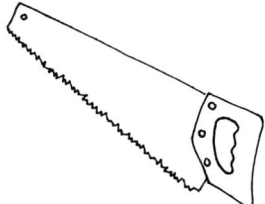

Materialteil

  # H h

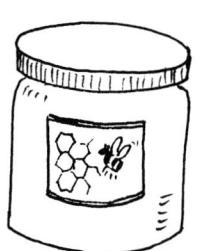

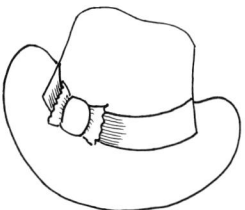

I i

  # J j

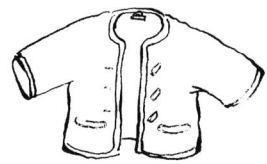

  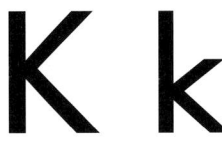 **K k**

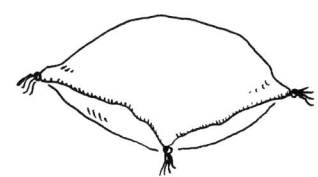 

 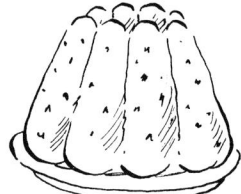

Materialteil

  **L l**

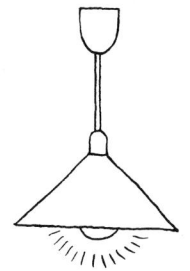

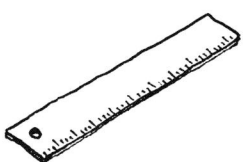

  **M m**

© by Auer Verlag GmbH

Materialteil

N n

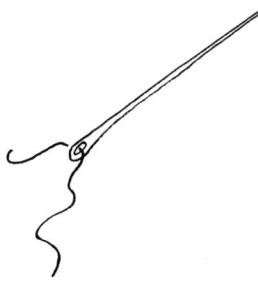

  **O o**

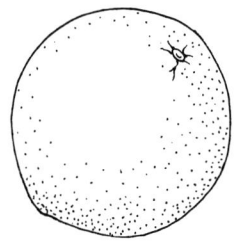

  **P p**

  # Qu qu

 # R r

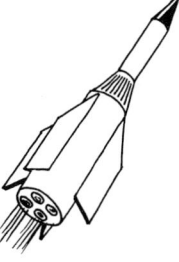

S s

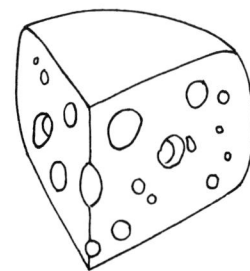

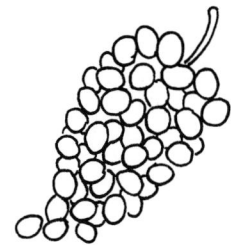

 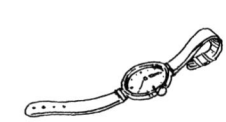 # U u

  # V v

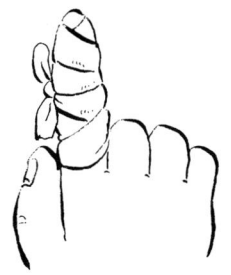

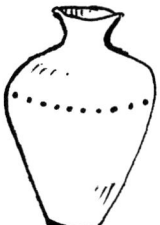

W w

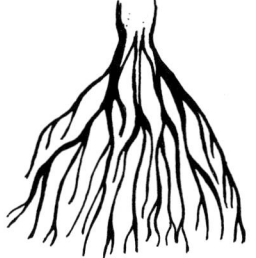

  # X x

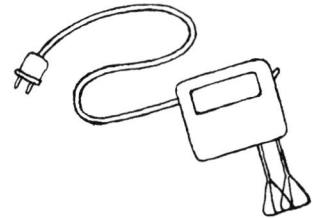

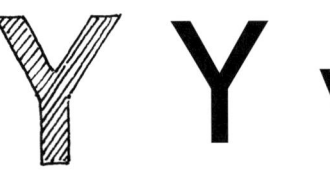

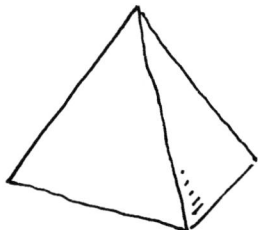

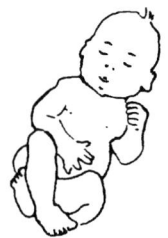

 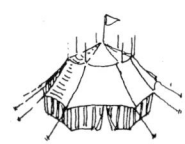 # Z z

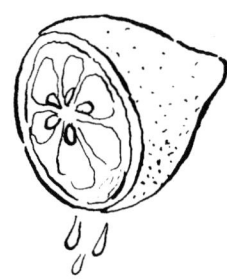

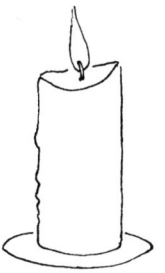

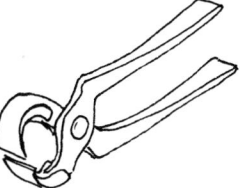

  # Ä ä

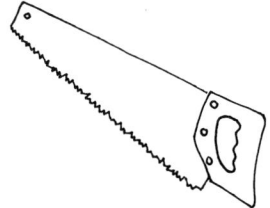

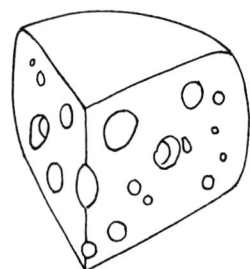

  **Ö ö**

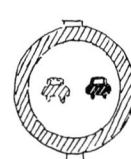 # Ü ü

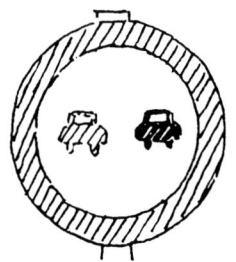

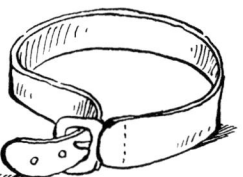

Materialteil

Ei ei

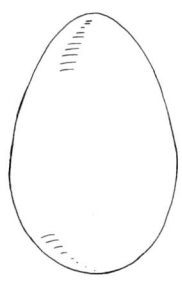

Au au

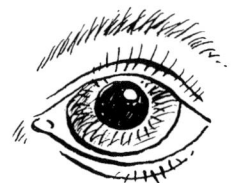

  # Eu eu

  Sch sch

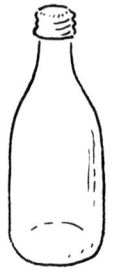

 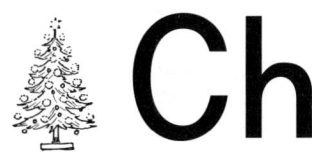 Ch

  – ch –

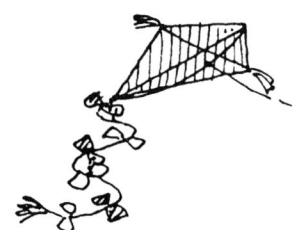

Wörterliste für die Arbeitsblätter (An- und Inlaute)

A/a:	Angel	**J/j:**	Jäger	**S/s:**	Salat	**Ö/ö:**	Öl
	Banane		Jacke		Käse		Löwe
	Ananas		Jogurt		Saft		Löffel
	Oma		Jo-Jo		Gras		König
B/b:	Brot	**K/k:**	Kissen	**T/t:**	Topf	**Ü/ü:**	Tür
	Gabel		Katze		Trauben		Schlüssel
	Bonbon		Kaktus		Torte		Überhol-
	Korb		Kuchen		Bart		verbot
							Gürtel
C/c:	Comic	**L/l:**	Lampe	**U/u:**	Uhu		
	Cent		Lineal		Buch	**Ei/ei:**	Ei
	Computer		Brille		Nudel		Seife
	Popcorn		Telefon		Uhr		Reis
							Eis
D/d:	Domino	**M/m:**	Melone	**V/v:**	Vogel		
	Rad		Tomate		Pullover	**Au/au:**	Auto
	Feder		Eimer		Verband		Auge
	Drache		Marmelade		Vase		Maus
							Baum
E/e:	Esel	**N/n:**	Nadel	**W/w:**	Wurst		
	Fenster		Pinsel		Wasser	**Eu/eu:**	Eule
	Erdbeere		Nuss		Wurzel		Teufel
	Kerze		Besen		Zwiebel		Feuer
							Freunde
F/f:	Frosch	**O/o:**	Obst	**X/x:**	Xylophon		
	Ofen		Wolle		Lexikon	**Sch/sch:**	Schokolade
	Fisch		Orange		Mixer		Schal
	Flasche		Radio		Hexe		Flasche
							Schlüssel
G/g:	Glas	**P/p:**	Pilz	**Y/y:**	Pyramide		
	Säge		Paket		Teddy	**Ch:**	Chor
	Gans		Praline		Baby		Chamäleon
	Gurke		Aprikose		Pony		Christbaum
							Chinese
H/h:	Herz	**Qu/qu:**	Qualle	**Z/z:**	Zitrone		
	Honig		Qualm		Zwerg	**-ch-:**	Buch
	Schuhe		Quirl		Kerze		Drachen
	Hut		Quark		Zange		Dach
I/i:	Igel	**R/r:**	Rakete	**Ä/ä:**	Äpfel		
	Kirschen		Reis		Säge		
	Krokodil		Rose		Käse		
	Iglu		Bürste		Bär		

Name: _____

Unsere Geburtstagswörter zum A a

Schreibe diese Wörter!

Affe	
Ananas	
Apfel	
Ampel	
Hase	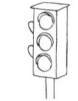
Gabel	

Kreise in diesen Wörtern A a ein!

Oma    Hand    Ball

Papagei    Rad 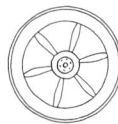   Ast

Banane    Ameise

Lustige Sprüche! Male die A a bunt an!

Der Affe mag die Ananas und den Apfel.
Ein Hase wartet an der Ampel.
Der Papagei landet an der Laterne.

Name: _____

Unsere Geburtstagswörter zum E e

Schreibe diese Wörter!

Esel

Ente

Elefant

Fenster

Geld

Sprich die Wörter deutlich! Kreise alle E e gelb ein!

Erdbeere    Kerze    Detektiv

Rose    Schneebesen    Klee

Lerne das kleine Gedicht oder den lustigen Spruch!
Male alle E e gelb nach!

Esel und Enten essen gerne Erdbeeren.

Der Elefant, grau wie ein Stein,
hat Zähne ganz aus Elfenbein.
Wie ein Gebirg geht er herum.
Zehn Männer werfen ihn nicht um.

(Josef Guggenmos)

Name: _____

Unsere Geburtstagswörter zum I i

Schreibe diese Wörter!

Indianer

Igel

Insel

Domino

Dino

Iglu

Sprich die Wörter deutlich! Kreise alle E e gelb ein!

Tiger    Biber    Zitrone   Birne

Brille    Tisch   Krokodil

Lerne den Igelspruch!
Male die Igelfamilie daneben und löse das Rätsel richtig!

Ein Igel geht vor zwei Igeln.
Ein Igel geht hinter zwei Igeln.
Ein Igel geht zwischen zwei Igeln.
Wie viele Igel sind das wohl?

Name: _____

Unsere Geburtstagswörter zum O o

Schreibe diese Wörter!

| Osterhase |
| Rock |
| Ofen |
| Oma |
| Opa |
| Ohr |
| Obst |

Kreise in diesen Wörtern O o ein! Lies die Wörter

Ostereier 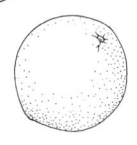   Foto   Hose

Orange   Schokolade

Tomate    Auto

Lerne den lustigen Spruch auswendig! Schreibe O o farbig nach!

Oben jodelt, oh wie komisch,
Opa Otto aus Tirol,
hat ein Loch im Hosenboden,
Oma kocht morgen Rosenkohl.

Name: _____

Unsere Geburtstagswörter zum U u

Schreibe diese Wörter!

| Ufo |
| Uhr |
| Umschlag |
| Wurst |
| Uhu |
| Unterhemd |
| Turm |

Kreise in diesen Wörtern U u gelb ein!

Schuh    Murmel ◯   Zug

Gummi ⬭   Nuss    Zucker

Buch    Blume    Fuchs

Ein lustiger Spruch! Sprich ihn deutlich! Male die U u gelb an!

Unter der uralten Ulme schauen Uhu
Schuhu und Uhu Lulu umher.

Materialteil

Name: _____

Unsere Geburtstagswörter zum L l

Schreibe diese Wörter!

| Löwe |
| Pullover |
| Igel |
| Lampe |
| Lupe |
| Lineal |

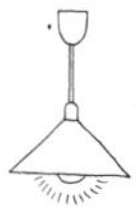

Kreise in diesen Wörtern L l gelb ein!

Lok

Gabel

Luftballon

Wolke

Löffel

Leiter

Lustige Sprüche! Male die L l farbig an! Lerne einen Spruch!

Der Löwe lacht laut über eine lila Laus.
Lirum larum Löffelstiel, deine Löwen
fressen viel.
Löwen legen lange Lego.

Name: _____

Unsere Geburtstagswörter zum S s

Schreibe diese Wörter!

Sonne _____

Seil _____

Sofa _____

Salat _____

Dose _____

Sesam _____

Sprich die Wörter deutlich! Kreise alle S s grün ein!

Sessel    Sonnenbrille

Salami    Rose    Bus

Hase    Tasse    Säge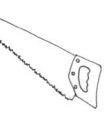

Lustige Sprüche! Schreibe alle S s grün nach!

Die Sau sonnt sich sorglos in der Sonne.

Susi sucht Salami, Sesam und Salat.

Dann setzt sie sich sanft auf das Kissen.

Summ, summ, summ, Bienchen summ herum.

Name: _____

Unsere Geburtstagswörter zum N n

Schreibe diese Wörter!

Nase

Nashorn

Ente

Hund

Nudeln

Name | Nina

Nadel

Sprich die Wörter deutlich! Kreise alle N n grün ein!

Ananas   **Nuss**   **neun** 9

Noten   **null** 0   **Nest**

Zahn   **Bonbon**   **Nilpferd**

Lustige Sprüche! Schreibe alle N n grün nach!

Nebel, Nebel, weißer Hauch –
alles verschwindet.
Ich etwa auch?

In der Nacht rennt Nino im
Nachthemd einem Nashorn nach.

Name: _____

Unsere Geburtstagswörter zum Sch sch

Schreibe diese Wörter!

Schlange

Schere

Schal

Frosch

Schaf

Schokolade

Tasche

Sprich die Wörter deutlich! Kreise alle Sch sch blau ein!

Schüssel   Schlüssel   Schnee

Schmetterling   Schwein

Tisch   Schuhe   Flasche

Lerne einen Zungenbrecher! Schreibe alle Sch sch blau nach!

Schneiders Schere schneidet scharf,
scharf schneidet Schneiders Schere.

Schneller Schüler schneide schnell,
schneide schnell, schneller Schüler!

Name: _____

Unsere Geburtstagswörter zum M m

Schreibe diese Wörter!

Maus

Melone

Ampel

Milch

Ameise

Mixer

Messer

Kreise in diesen Wörtern M m grün ein! Lies die Wörter

Domino   Wurm   Mütze

Mund   Marmelade

Baum   Pommes   Mann

Lerne das kleine Gedicht! Schreibe alle M m grün nach!

Meine Mama mag Mäuse.
Mich hat sie so lieb.
Manchmal sagt sie: „Mein Mäuslein!"
Und ich sage: „Piep!"

Name: _____

Unsere Geburtstagswörter zum P p

Schreibe diese Wörter!

Papagei

Paket

Pilz

Lampe

Puppe

Pirat

Papa

Lies die Wörter und kreise alle P p grün ein!

Paprika   Teppich   Popcorn

Pullover   Pinguin   Praline

Pyramide   Lupe   Pony

Lies die Sprüche und schreibe P p grün nach! Lerne den Abzählvers!

Puppe, Pappe, Papagei,
Popocatepetl – du bist frei!

Pinguine picken pausenlos Popcorn.

Puppen putzen Playmobil mit Zahnpasta.

Name: _____

Unsere Geburtstagswörter zum T t

Schreibe und lies diese Wörter!

Tasse

Salat

Telefon

Tomate

Tiger

Tasche

Tafel

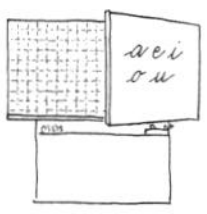

Lies die Wörter und kreise alle T t grün ein!

Topf    Taube    Note

Zitrone    Trauben 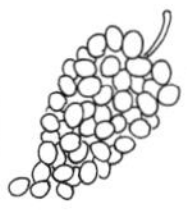   Teddy

Hut    Tür    Turm

Drei lustige Sprüche! Sprich sie deutlich! Schreibe T t grün nach!

Tausend Tiger tanzen tolle Tigertänze.

Ein Teddy trinkt Tee und tanzt auf dem
Tisch um Teller und Tassen.

Töpfer Trine trägt tausend Töpfe.
Tausend Töpfe trägt Töpfer Trine.

Name: _____

Unsere Geburtstagswörter zum K k

1. Schreibe die Wörter! Zeichne die Silbenschiffe ein!

Katze

Krokodil

Keks

Lexikon

Käse

Gurke

Krone

2. Lies die Wörter. Kreise alle K k grün ein!

Kamel   Kuh   Koffer

Kerze   Lokomotive   Kaktus

Korb   Detektiv   Käfer

3. Lies die Sprüche und schreibe K k grün nach! Lerne einen Spruch!

Der Nikolaus mit der Maske kauft Kaugummi, Schokolade und Kekse.

Kleine Kinder können keine kleinen Kirschkerne knacken.

In Klagenfurt klappern die Klapperstörche klipp, klapp, klapp.

Name: _____

Unsere Geburtstagswörter zum D d

1. Schreibe und lies die Wörter! Zeichne die Silbenschiffe ein!

Dino

Drache

Bild

Delfin

Dose

Rad

drei

2. Kreise alle D d grün ein! Lies die Wörter! Male die fehlenden Bilder!

Dach   Decke   Nadel   Geld

Dachs   Deckel   Erdnüsse   Teddy

3. Lies die lustigen Sprüche! Schreibe alle D d grün nach!

Die drei Dinos Didi, Dodo und Dada
radeln um die Erde.
Der Drache wackelt dreimal mit dem
Schwanz zum Drachentanz.

4. Sprich deutlich und kreuze an, wo du D d hörst!

Name: _____

Unsere Geburtstagswörter zum R r

Schreibe die Wörter! Zeichne die Silbenschiffe ein!

Roller

Radio

Raupe

Käfer

Zebra

Rose

Herd

Lies die Wörter! Male die fehlenden Bilder dazu! Kreise alle R r grün ein!

Schirm ☂ Rucksack 🎒 Ring rot ☐

Regen 🌧 Rasierer Rabe 🐦 Frosch 🐸

Lies die Sprüche und schreibe R r grün nach!

Tri, tra, trallala, ich bin mit meinem Roller da.

Rrrr – Rrrr – Ruf mal an!
Hallo, hallo! Wer ist dran?
Du kennst die Stimme. Rate!
Ich weiß schon: die Renate!

Kreuze an, wo du das R r hörst!

Name: _____

Unsere Geburtstagswörter zum H h

Schreibe die Wörter genau! Zeichne die Silbenschiffe ein!

Hase

Hund

Hose

Haus

Hut

Uhu

Honig

Lies die Wörter! Male die fehlenden Bilder dazu! Kreise alle H h grün ein!

Haferflocken   Herz♡   Hosenträger

Hahn   Herd   Hexe   Hai

Hufeisen   Hecke   Hummel

Lies die Gedichte und schreibe H h grün nach! Lerne ein Gedicht!

Hundert Hasen hopsen stolz über hundert Hecken.
Hinter hundert Haufen Holz wolln sie sich verstecken.

Ein Hase, der gern Bücher las,
fand ein dickes Buch im Gras.
Er nahm das dicke Buch und las
im dicken Buch, da stand das:
Ein Hase, der gern Bücher las . . .

Name: _____

Unsere Geburtstagswörter zum F f

1. Schreibe und lies die Wörter! Zeichne die Silbenschiffe ein!

Fisch

Feder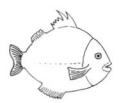

Flasche

Telefon

Frosch

Sofa

2. Kreise alle F f grün ein! Lies die Wörter! Male die fehlenden Bilder!

Finger    Schaf    Flips

Käfig    Flummi   Fenster

Flugzeug   Fahrrad    Fass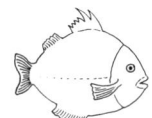

3. Lies und lerne einen Zungenbrecher! Schreibe alle F f grün nach!

Fischers Fritz fischte frische Fische,
frische Fische fischte Fischers Fritz.

Ferkel feiern feuchte Feste.
Feuchte Feste feiern Ferkel.

4. Sprich deutlich und kreuze an, wo du F f hörst!

   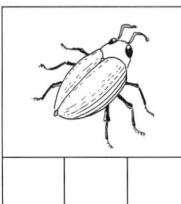   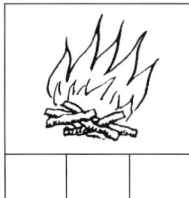      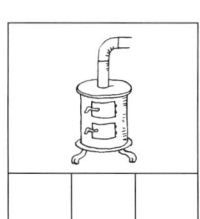   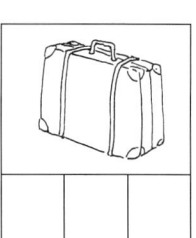

Materialteil

Name: _____

Unsere Geburtstagswörter zum W w

1. Schreibe die Wörter und zeichne die Silbenschiffe ein!

Würfel

Wal

Wurm

Wolle

Wolke

Schwein

2. Kreise alle W w grün ein! Lies die Wörter und male die fehlenden Bilder!

Wald    Wecker   Wasser

Zwerg    Wort   Möwe

Weißbrot   Windrad   Wolf

3. Lies den Spruch und lerne ihn! Schreibe alle W w farbig nach!

Es wanderte Herr Wunderlich
weit in der Welt umher.
Er wanderte und wundert sich,
wie weit die Welt doch wär.

4. Sprich deutlich und kreuze an, wo du W w hörst!

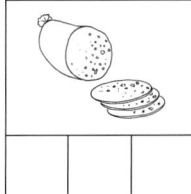      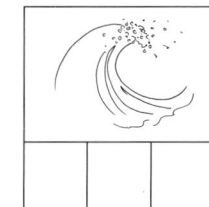      

Name: _____

Unsere Geburtstagswörter zum Pf pf

1. Schreibe die Wörter genau! Zeichne die Silbenschiffe ein!

Pferd

Pflaume

Pfeil

Napf

Pfeife

Topf

Kopf

2. Lies die Wörter! Male die fehlenden Bilder dazu! Kreise Pf pf grün ein!

Pfanne   Blumentopf   Knopf

Pfütze   Zopf   Apfel

Pferdebuch   Tropfen   Pflanze

3. Lies das Rätsel genau! Schreibe Pf pf grün nach! Wer ist es?

Er reitet geschickt auf seinem Pferd.
Kinn, Wangen und Nase sind rot angemalt.
Er kann gut mit Pfeil und Bogen schießen.
Gern nimmt er die lange Pfeife.
Sein Kopfschmuck sind bunte Federn.
Sein Name ist Leise Pfote.
Es ist ein _____.

DER WÖRTER-DETEKTIV

Name: _____

DER WÖRTER-DETEKTIV

Name: _____

Lösung: Eine Maus mag gerne Käse.

DER WÖRTER-DETEKTIV

Name:

Materialteil

Name: _____

DER WÖRTER-DETEKTIV

Lösung: Am Montag beginnt eine neue Woche.

DER WÖRTER-DETEKTIV

Name:

Materialteil

DER WÖRTER-DETEKTIV

Name: _____

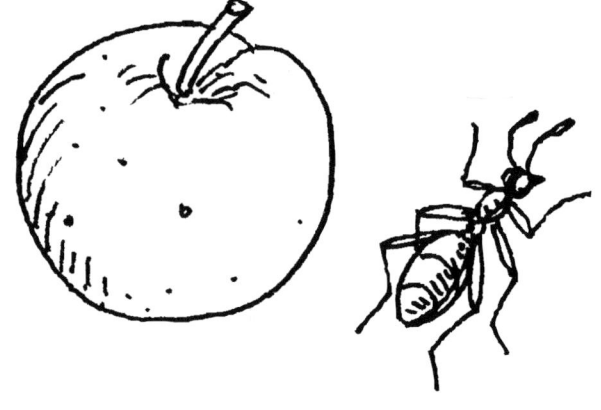

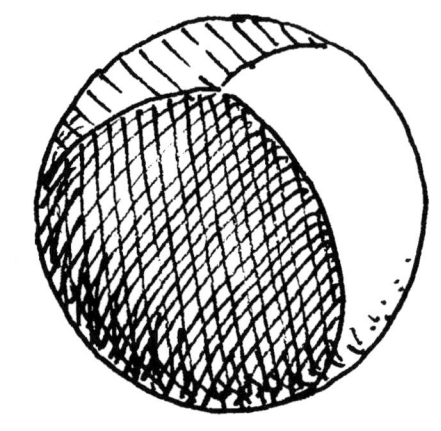

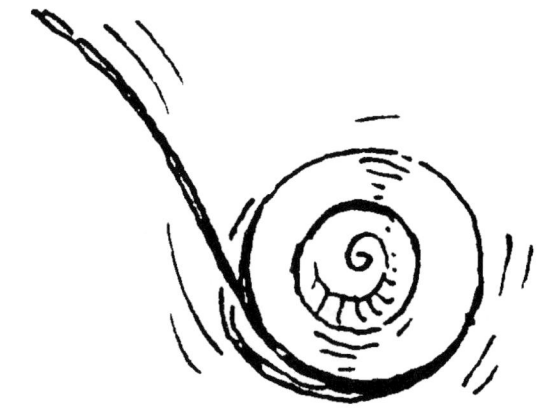

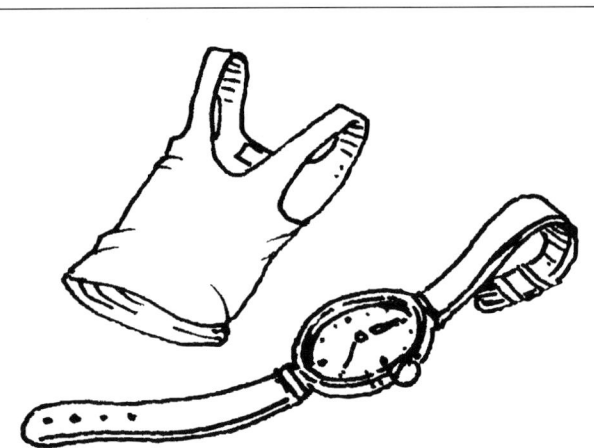

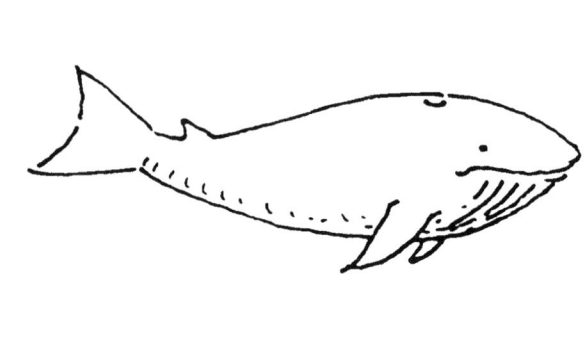

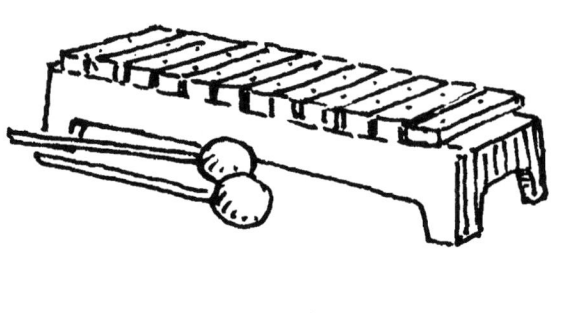

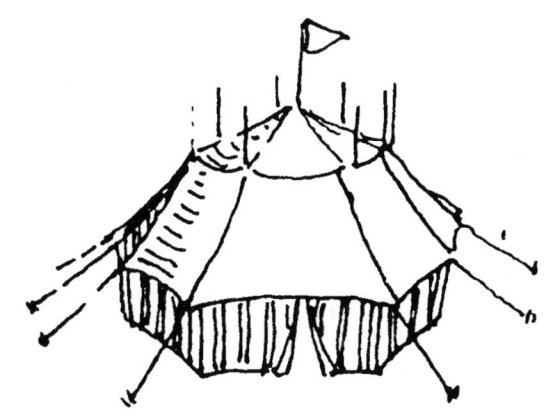

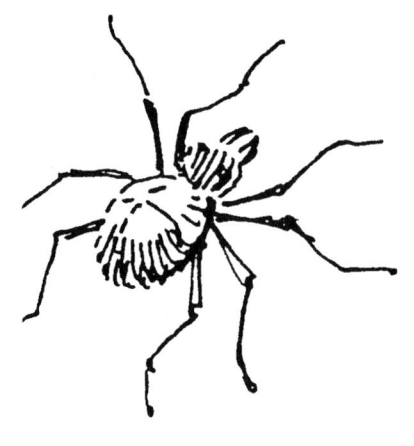

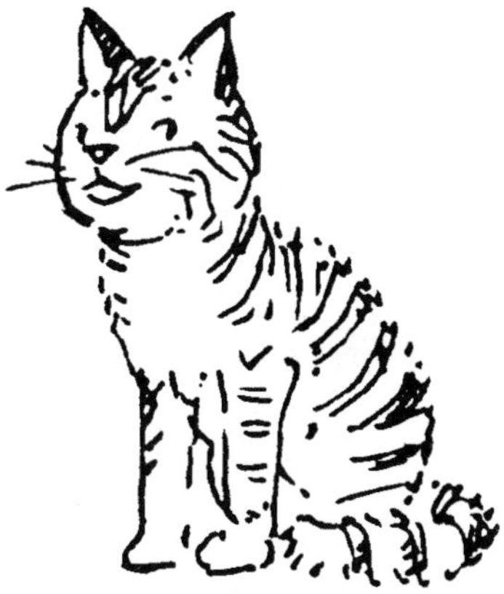

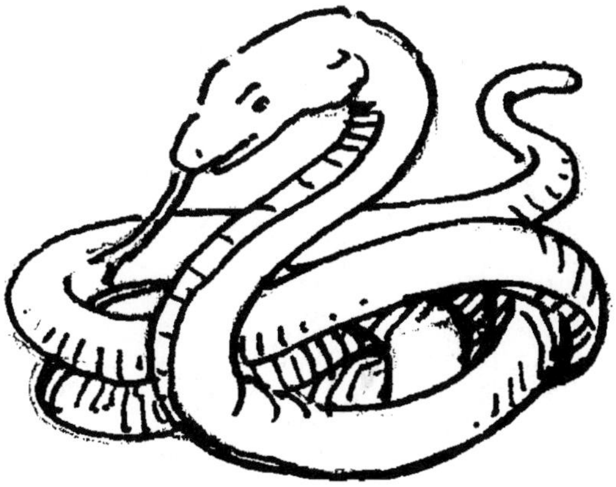

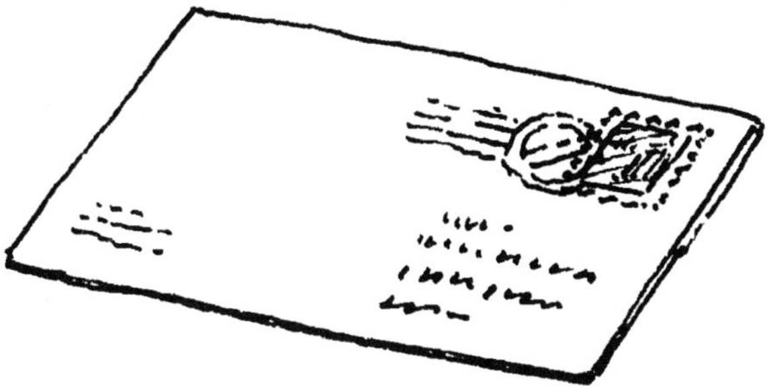

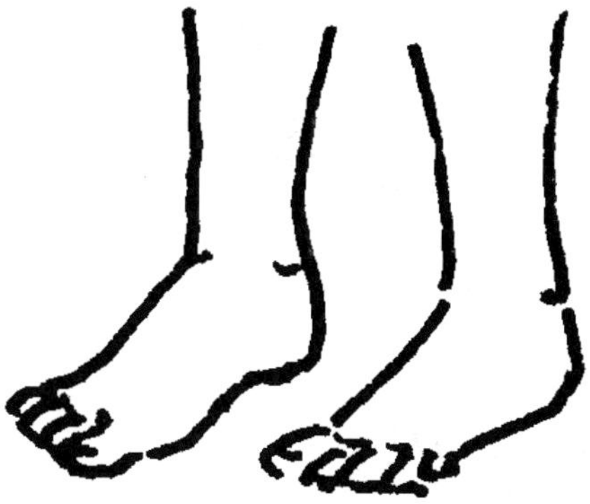

Ausschneidebogen mit Bildern der Lauttabelle

KV 10

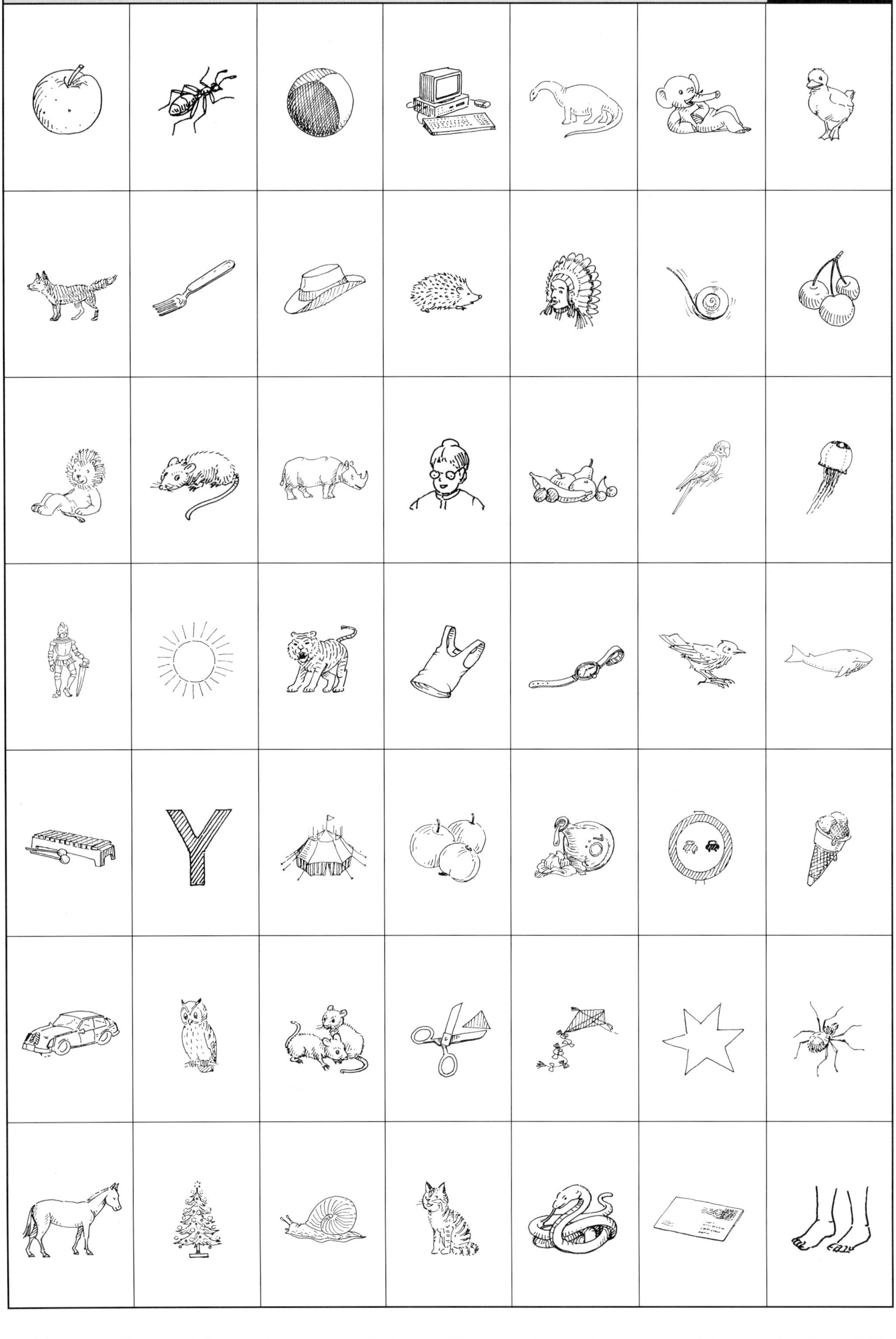

Bilder und Wörter für den Leseautomaten

KV 11/①

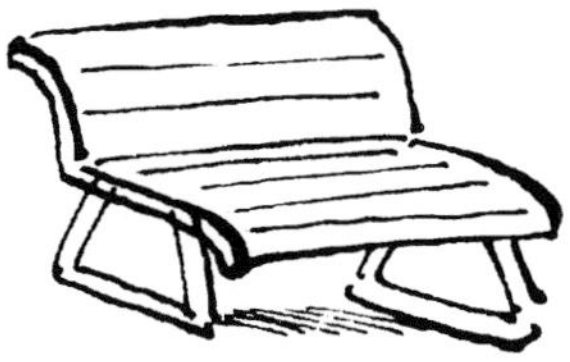	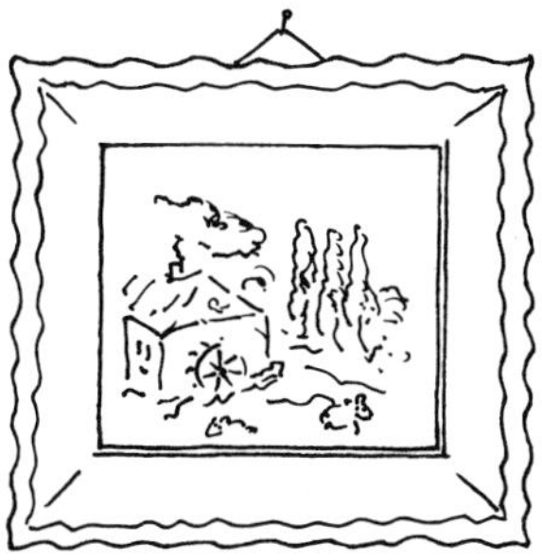	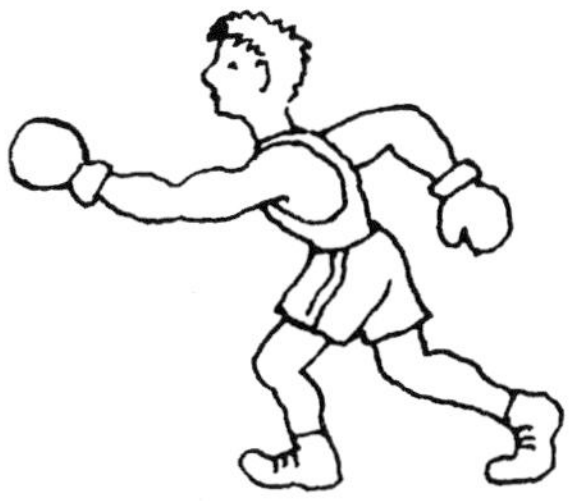	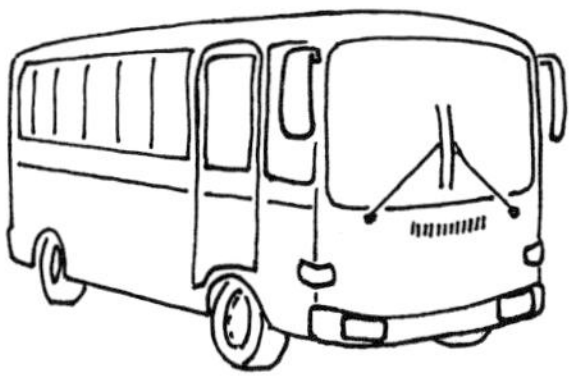
	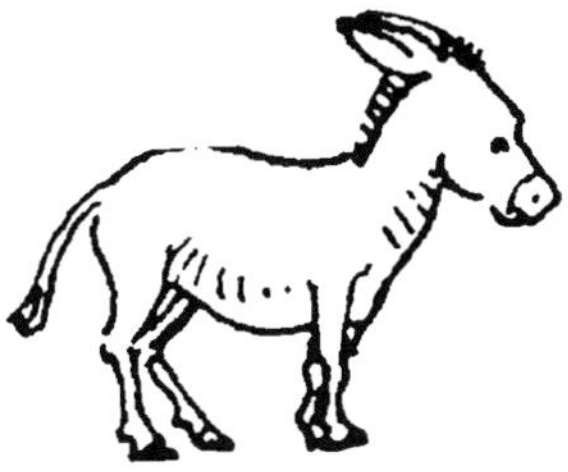	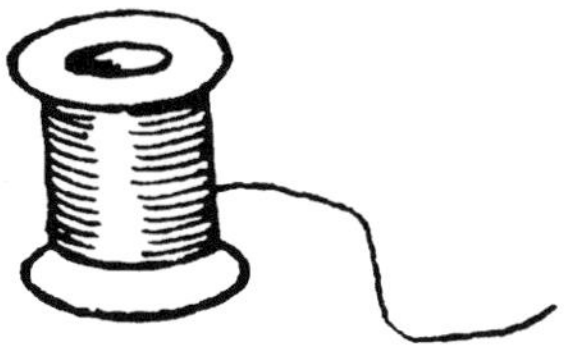	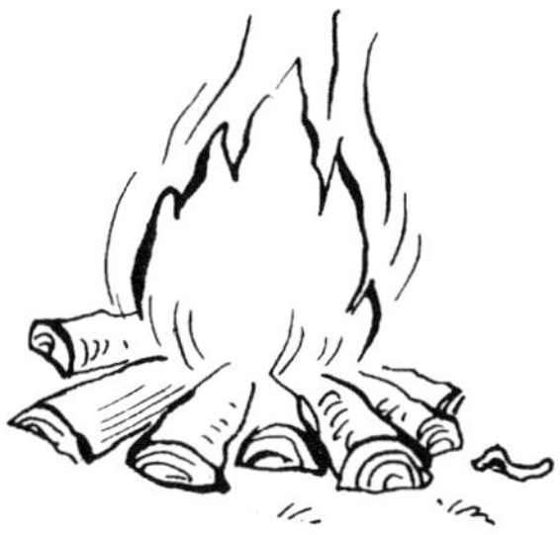
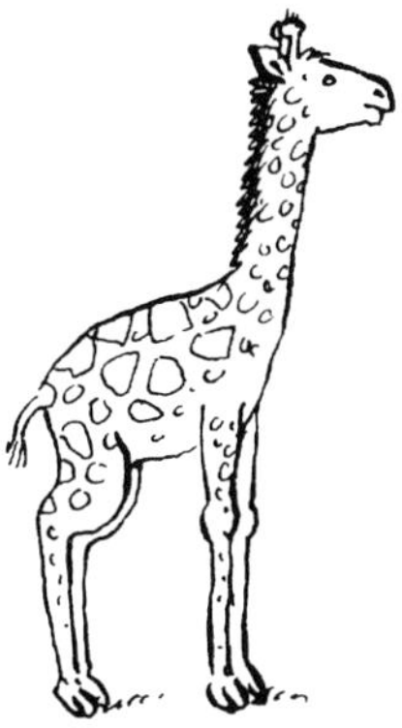	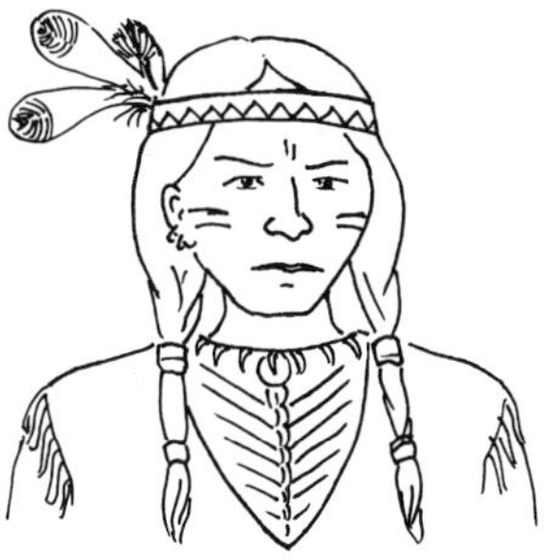	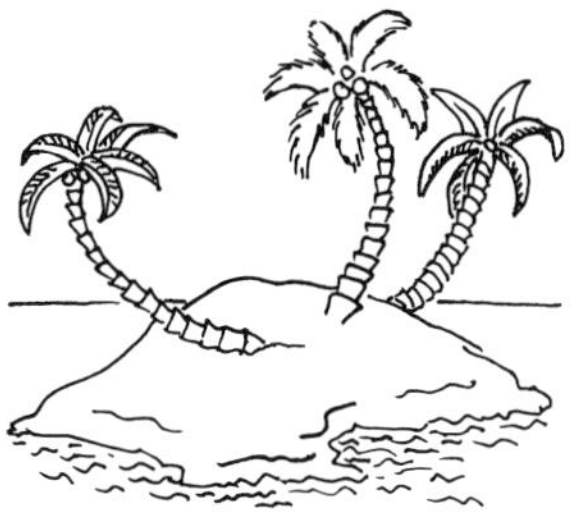	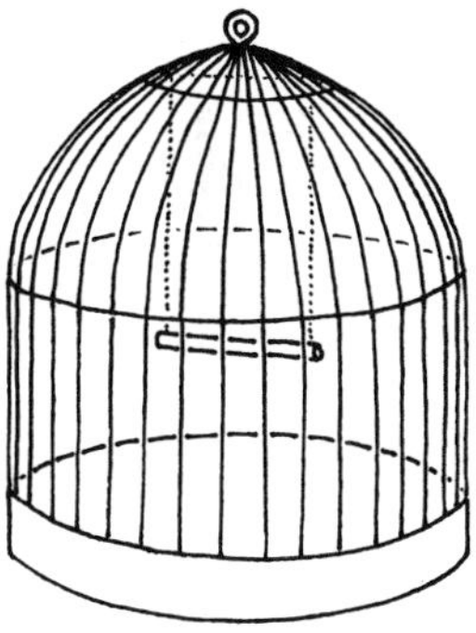
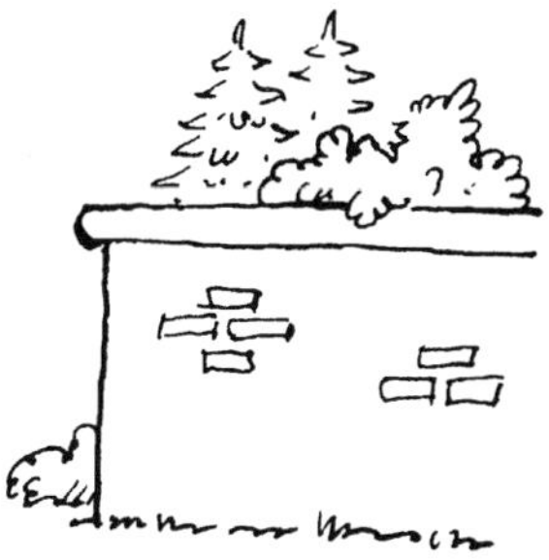	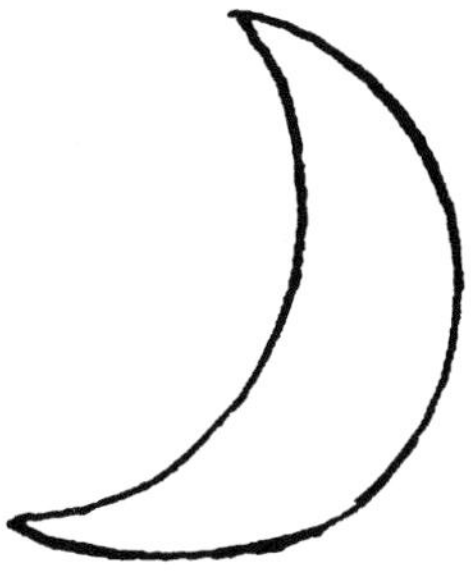	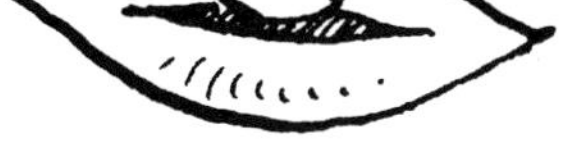	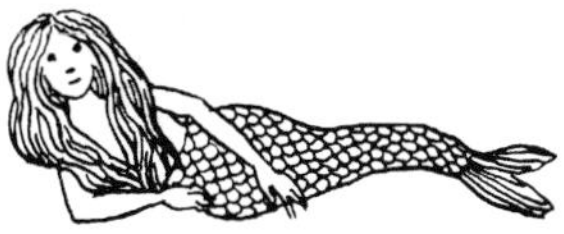

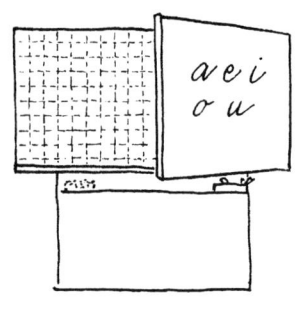   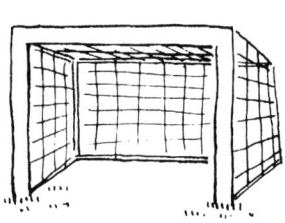

 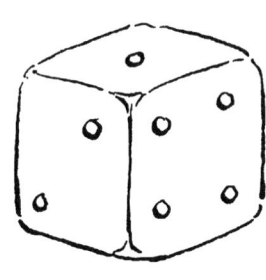  

Materialteil

Bank	Bild	Boxer	Bus
Engel	Esel	Faden	Feuer
Giraffe	Indianer	Insel	Käfig
Mauer	Mond	Mund	Nixe
Note	Opa	Paprika	Pirat
Rabe	Regen	Schirm	Seil
Tafel	Teppich	Tisch	Tor
Wald	Würfel	Wurm	Zeitung

Mein Leseausweis

Name:

Klasse:

Das habe ich schon gelesen:

Das habe ich schon gelesen:

Das habe ich schon gelesen:

Lese-
ausweis
für
zu Hause

Name: _____

Klasse: _____

21 _____

22 _____

23 _____

24 _____

25 _____

26 _____

27 _____

28 _____

29 _____

30 _____

Leseausweis für zu Hause

KV 12.2

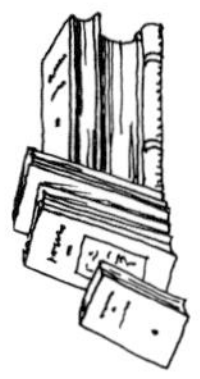

Das habe ich vorgelesen:

Unterschrift:

1 ______________________

2 ______________________

3 ______________________

4 ______________________

5 ______________________

6 ______________________

7 ______________________

8 ______________________

9 ______________________

10 ______________________

11 ______________________

12 ______________________

13 ______________________

14 ______________________

15 ______________________

16 ______________________

17 ______________________

18 ______________________

19 ______________________

20 ______________________